Reverse Thinking

400以上の新規事業から導かれた
ありえない成功のルール

プライマルグループCEO
森上隆史

逆転思考

はじめに

ノーベル賞受賞者、大事業を作り上げた起業家、世界的名声を得た芸術家……。

私たちは彼らに憧れ、成功の秘訣に耳を傾けます。

成功者たちは惜しげもなく、自らの実践してきた努力や方法を一生懸命に教えてくれます。

しかし、私たちがその答えに満足することはありません。

経験に裏打ちされたお話は示唆に富み、説得力があるにもかかわらず。

なぜなら、真っ当すぎ、立派すぎてとても真似できそうにないからです。

「寝食を惜しんで、研究室に泊まり込んで研究に打ち込んだ」

「人と違うことをしなさい。誰かと違うことを考えなさい。人をマネてはいけません」

「熱意を持ち、礼節をわきまえ、勤勉であり、克己心を持ち……」

確かに実践できれば成功するに違いありません。しかし、99％にあたる普通の人にはなかなかできないものです。できないから当然、皆成功せずに普通のまま。

永遠のデッドロックです。

「そのうち本気出すから」
「明日からは計画通りに、きちんと実行してみせる」
「神様、今年こそは、宝くじに当たりますように」

私たちがつぶやけるのは、せいぜいこんなセリフではないでしょうか。

人並みの能力しかない、毎日3時間睡眠はきつい、24時間仕事のことばかり考えるなんてできない。これが普通です。

しかし、普通の人が普通の考え方をしていたら、結果も普通に終わります。成功することは難しいです。成功とは頭一つ抜きん出ることだからです。

私たち普通の人間がそれでも成功したいなら、人と違うやり方をすることが必要です。

もっといえば、人とは〝逆〟のことを考えたり、実行したりしなければなりません。

天才的な能力や、超人的体力、鋼《はがね》のようなメンタルは必要ありません。考え方、姿勢の問題です。誰でもすぐに変えることができるのです。

死ぬ気になっても100メートルを8秒では走れませんが、1時間早く出社して掃除することは僕にもあなたにもできるはずです。


考え方とやり方を変え、誰にでもできる方法で逆転を起こそうというのがこの本の主旨となります。


というわけで、この本には様々な〝**逆**〟が出てきます。

逆張り、逆説、逆算、それにこの本の表題でもある**逆転**です。

三題話のようにまとめると、

〝逆転〟には、〝逆説〟を理解し、〝逆算〟し、〝逆張り〟の行動が必要である。

ということになります。

なかでも最たる〝逆〟となるのは、**「あえて失敗する」**ことであり、失敗をもとに成長し、成功することです。


なぜこんなことを考えるようになったのか？

それは私が初めて勤めた外資系コンサルティングファームでの体験にあります。入社してすぐに判明したのは、経営学の知識がなく、英語も話せないのは僕だけという恐ろしい事実でした。

同期は全員、東大経済学部卒業かつ英語ペラペラです。僕には、ロクな仕事がまわってきません。電話番をさせられていたのですが、海外からかかってきたものはすべて無言で切っていました。何をいっているのかわからなかったのです。

当たり前ですが、海外オフィスからクレームが入り、朝礼で注意されました。

「断定できないが、俺には犯人が誰かわかっている！」

と社長にものすごい目で睨みつけられました。

まあ、すぐにわかりますよね。英語ができないのは僕だけなのですから。

そんな僕がある日突然、高い評価を受けるようになります。

パートナー（偉い人。役員に相当）から「君には将来性がある。どういうコンサルタントになりたいんだ？」と声をかけられます。案件評価シートにもAが踊ります。かつて一度もなかったことです。

その頃、先を行っていたはずの同期は、会社を辞めたり、評価がパッとしなくなっていました。〝**逆転**〟が起きていたのです！

きっかけとなったのは、一つの案件です。

メンバーは仏人パートナー（ラビッシュ＝ゴミくずが口癖）に、海外育ちのマネジャー（ダブルMBA保持、部下が皆病気になる）、それに帰国子女のコンサルタントでした。

ここに英語も経営学についても知識ゼロの男（僕）が入るわけです。それなのにすべてのやり取りは英語で進められていきます。メール、資料作り、ディスカッション、雑談さえも！

大ピンチです。仕方がないので、資料を作成するさいにはマネジャーに訳してもらうことにしました。

「何で俺が。ふざけんな！」とマネジャーには叱責されましたが、アフター5に上司に付き合う習慣のない会社で、普段から飲みにいっていたことが功を奏し、この気難しい上司を動かすことができたのです。〝**逆張り**〟の行動が協力を生んだのです。

そして、思いもよらないことが起きます。

「あのマネジャーみたいなアウトプットは本当にアソシエイト（君）が作ったのか？」と仏人パートナーが僕に最高の評価をしたのです。

周囲の人たちも「あのパートナーを唸らせるとは、すごい奴なのかもしれない」と思いはじめます。短期間ですごく成長した自分を褒めてやりたいといいたいところですが、事実は違いました。

実は、マネジャーが僕の資料を翻訳するとき、内容も修正していたのです！　そりゃ、マネジャーが作ったみたいになりますよね。

パートナーから質問されたときも、英語がわからないので黙って頷いていただけなのに、「こいつは日本人にしては珍しく風格がある」と感心されました。

頷くだけで何も発言しない僕に慌てたマネジャーが横から質問に答え、僕は「この人は一体何をいってるんですか？」と尋ねていただけなのですが、何かを語っているように見えたようです。

一方、英語がわかりすぎる帰国子女はパートナーからの叱責に耐えきれず、プロジェクト途中で失踪してしまいました。

徹夜して作った資料を「ラビッシュ！」の一言でゴミ箱に捨てられたのです。僕も何度かいわれましたが〝ウサギ好き？　フランスのおまじない？〟と思っていました。
出来すぎるが故にドロップアウトしてしまう。これも一つの**逆説**です。

〝挑戦していれば、たとえ失敗しても、素晴らしい結果が出ることもある！〟と身をもって知ったのです。気づけば**逆転**していたのです。

このとき、キャリアプランを**逆算**して仕事を続けていれば、今頃パートナーになっていたかもしれません。

その後、逆転には失敗が必要だという思いをますます強めることになります。

なぜなら、新規事業コンサルタントとして、様々なプロジェクトにかかわるなかで、エースが挫折する姿をたくさん見てきたからです。

今までの仕事で華々しい実績をあげ、やる気、能力ともに折り紙つきの方たちであるにもかかわらずダメになってしまうのです。

確かに新規事業は、そもそも成功確率が低いものですが、既存事業で邪険にされていた変人が大金星をあげることも珍しくないのです。

既存事業では滅多にない、**逆転**とも呼べる現象が起きるのです。

なぜこんなことが起きるのでしょうか？

それは、エースは失敗できないからなのです。失敗を怖がり、確たる安全策をとろうとチャンスを逃してしまうのです。

一方、変人は、恐れず何度かトライするうちに突破口を開いてしまいます。

有用だったはずの能力が、新規事業では足を引っ張るものになってしまいます。これもまた**逆説**です。既存事業でイマイチうまくいっていない人も、新規事業では**逆転**のチャンスがあるということかもしれません。


ここまでをまとめると、**逆転**のためには、

〝必ず失敗する必要がある〟

ということになります。**逆説**的ですね。もっと素直にいえば、

〝新しいことに挑戦し、失敗を成長につなげれば、逆転できる〟

ということです。

この〝新しいこと〟は、何も世界初とか、今まで誰もなしえなかったという意味ではあ

りません。

そんなに難しいことではなく、〝自分にとって〟新しければいいのです。

僕自身、今でも自分にとってなるべく新しいことにかかわるようにしています。

失敗は数え切れませんが、逆転劇もけっこうあるのです。

例えば、３億円の支払い要求を０円まで引き下げることに成功したりもしています。

これがなければ今の僕の会社・プライマル㈱はありません。

逆転思考は、失敗をもとに成功することだと説明してきました。

「成功するには失敗する？　えっ、どういうこと？」

と思われる方もおられるでしょう。

確かに、具体的にどうすればそうなるのか疑問だらけです。そこで、ここからは、

・なぜ失敗が必要なのか？

・どのような失敗をすればいいのか？

・どうすれば失敗を成長につなげられるのか？

・成長と成功の関係はどうなっているのか？

などについて考えていきたいと思います。

逆転思考の中核となるのは、失敗をもとに成長するということであり、そのためには、

❶「ストレッチ＝背伸び」と、「フリクション＝摩擦」が最大限起きている状態を保ちながら、

❷挑戦（トライ）‐失敗（エラー）‐適応（フィット）というサイクルをうまく回していく

ことが必要になります。

痛気持ちいい状態を保持しながら、何度も挑戦し、失敗し、失敗から学んでまた挑戦するということをうまくやっていくことが、最速で成長する方法なのです。

その具体的なメソッドを、これから考えていきたいと思います。

本書の構成は、以下のようになります。

第1章→逆転思考について、さらに詳しく解説
第2章→メソッドの概要について解説
第3章→メソッドの目的である、成長ということについて解説
第4章、第5章→メソッドの重要な要素であるストレッチと摩擦について詳述

最初にお断りしておくと、この本で述べられていることは、すべて僕の個人的経験から導かれたものにすぎません。

広範な事例やデータにあたって述べられている話ではないので、学術的価値はありませんし、皆さんには当てはまらないかもしれません。

ですので、読み進めるかどうかは独断と偏見で決めていただければと思います。興味ある！　もっと知りたい！　と感じたか否かです。正しい、正しくないではなく、面白そうかどうかで決めてください。

客観性も確かに大切です。しかし、新しいものを生み出すにあたっては、主観のぶつかり合いが生み出すエネルギーこそ大切です。

「面白そうだが、自分には逆転の必要なんてない」

という方もおられるでしょう。しかし広い世の中、上には上がいるものです。どれだけ成功しても〝常に挑戦者たれる〟人たちがいます。そしてその人たちこそ真の成功者たりえるのです。

Q：ソフトバンクの孫さんは、どれだけ成功したら挑戦することをやめるのでしょうか？
A：宇宙のすべてを征服するまで（多分）

ということです。

逆転劇は挑戦者だけが起こせます。トップは下剋上におびえ続けるしかありません。

逆転劇はいつも美しく、人を興奮させます。

そこにはドラマがあり、夢があり、奇跡があります。

どうです？　逆転劇、起こしたくなってきたでしょ？

はじめに …… 2

第1章 逆転思考とは？

大きなチャンスは、ピンチの裏側に貼りついている …… 20
〝いい失敗〟と〝悪い失敗〟 …… 27
なぜ、今、逆転思考が必要なのか？ …… 33
とにかく挑戦しよう …… 39
求められる能力が大きく変わった …… 46

第2章 成功するための失敗とは？

本当に失敗したほうがいいのか？ …… 58

CONTENTS

成功から復讐される!? …… 64
成功を時間軸で考える …… 68
失敗は成功の母というけれど …… 71
いい失敗とは? …… 77
失敗にも旬がある? …… 84
いい失敗をする仕組み …… 89
「いい失敗」の3ステップ①~挑戦 …… 92
チームを作る …… 99
「いい失敗」の3ステップ②~失敗 …… 105
「いい失敗」の3ステップ③~適応 …… 107

第3章
成長するということ

自分以外のものを成長させると、自分も成長する …… 114

成長の技術とは？ 120
成長途中で挫折しないために 125
競争を楽しむと、成長が加速する 138

第4章 ストレッチ！ ストレッチ！ ストレッチ！

ストレッチするために～逆算して考える 144
二つの視点から逆算する 149
適切なストレッチ目標を設定するには？ 155
達成すべき結果と、成長させる能力をそれぞれ設定する 160
三つの能力について注意すること 165
目標を評価する 173
伸ばしたい能力で成長を楽しむ 179
ストレッチをして成長する 187

第5章 摩擦（フリクション）を起こし、火をつける

摩擦（フリクション）を起こす …… 192
まずは摩擦を最大化する …… 205
摩擦で歯車を回す …… 215
摩擦で消耗しない …… 221

第6章 挑戦し、失敗し、適応した人が勝つ

生き物の進化に学ぶ …… 232
ビッグアイデア症候群に要注意 …… 238
肥料や水を求めすぎない …… 247
人事を尽くし、天命を待つ …… 253

編集協力　神原博之（K.EDIT）
企画協力　池松邦倫
図表作成　横内俊彦
ブックデザイン　土屋和泉

第1章

逆転思考とは?

Reverse Thinking

大きなチャンスは、ピンチの裏側に貼りついている

皆さんは「ピンチをチャンスに変える」という言葉を聞いたことがありますか?

「やってはみたけれど、『反省していない』と怒られただけだった……」

「現実に起きたことなんてない!」

確かに、〝言うは易く行うは難し〟の典型かもしれません。なかなか言葉通りにはできません。

「そもそもピンチなんて必要? チャンスだけのほうがいいに決まっている」

そうおっしゃりたい気持ちもよくわかります。

しかし実は、**チャンスらしいチャンスよりも、ピンチの裏側に貼りついているチャンスのほうが、断然大きなものになる**のです。

〝雨降って地固まる〟といいますが、雨=ピンチがあってこそ、地面はしっかりと固まるのです。

ピンチのないチャンスなんて大したチャンスではないのです。

「前向きに考えれば、必ず成功するよ！　うん、成功する！」といった、願えば叶う的な精神論を説いているわけではありません。

ピンチがチャンスに変わるには、きちんとしたロジックが存在しているのです。

まず、**ピンチは変わるきっかけを与えてくれます。**

今までのやり方や枠組みが通用しなくなったことを教えてくれ、問題発見の手助けをしてくれるのです。冷静に、前向きに捉えることさえできれば、新しいアイデアに気づくきっかけとなります。

さらに、ピンチというのは自力で解けない問題に直面している状態です。つまり困難にぶつかっているのですが、そんなとき、人はストレッチ（背伸び）することになり、周囲との摩擦（フリクション）も起きがちです。

この**ストレッチと摩擦が、人を大きく成長させます。**多少の苦痛を伴いますが、成長のスピードと大きさは平常時とは比べものになりません。

「成長、成長というけど、それだけで物事のすべてが解決するってわけではないですよね？」と思われるかもしれません。

いいえ、**成長はほぼすべてを解決します。**

ですので、ひとまず成長することに照準を絞ってください。詳しくは後ほどご説明いたします。

成長の素晴らしいところは、自分自身だけではなく、自らがかかわる仕事や周りの人をも同時に成長させてしまうところです。

例えば、何かのプロジェクトに取り組むなかで、自らが成長していけば、プロジェクト自体も成長し、成功へと導くことができます。

さらに、周囲の人々、顧客、上司、出資者、事業パートナーたちも成長してしまいます。その上、お互いに切磋琢磨し成長していく過程で、信頼関係も強固になって、より頼りになる協力者となっていきます。

自分も周囲も成長し、強固なパートナーシップができ、取り組んでいる仕事も成功する。そんなうまい話あると思います？

あるのです。成長さえすれば！

そのために、先ほど出てきた、ストレッチと摩擦をうまく活用します。これら二つについて、その仕組みを知り、自分なりに組み立て実行し、その結果、成長し、成功に結びつけるのが本書の目的です。

ストレッチと摩擦は、人間が持つ二つの**逆説的**特性を利用します。

❶苦しみが喜びを大きくする

背が伸びるには成長痛があり、筋肉が増えるには筋肉痛があるように、能力や精神力などが成長するときにも、ある種の苦痛を伴います。

苦痛の種類は大きく二つあり、ストレッチによるものと摩擦によって起こされるものがあります。これらをうまくコントロールしながら、なるべくたくさん経験すれば、素早く大きく成長できるのです。

苦痛というと身構えてしまうかもしれませんが、喜びをより大きくする力があります。汗をかき、ノドがカラカラになった状態で飲む冷たい飲み物を想像してください。喉の渇きという苦痛がなければ、爽快感、充足感も得られないでしょう。

慣れてくると、苦痛に思えたものが、痛気持ちいいものへと変わっていき、熟練者になると、痛みがなければ成長していないのでは？　と不安になってきます。

❷人は不完全さを楽しむもの

スポーツなどで、先週できなかったことが今週できるようになると、苦しかったことも忘れて、ますます練習にのめり込んでしまうという経験はありませんか？

自分のことでなくても、育成シュミレーションゲームやプランター菜園を想像してみてください。子育てもそうかもしれません。

何かを育てるというのは、行為自体が楽しいことなのです。それは対象が自分自身であっても同じことなのです。

自分が育て成長している相手には、どんどん好意を持つようになります。完璧に仕事ができる営業マンが最もお客様に好かれるかといえばそうとは限らないのも、このあたりに理由があります。

成長の余地があるということは、足りない部分があるということであり、**成長を楽しむとはすなわち不完全さ、不足を楽しむということなのです。**

これら二つの**逆説**をうまく活かし、成長に役立てていくのです。そうすれば、人よりも成長でき成功に近づくことができます。

しかも、この仕組みは一度うまく構築してしまうと、あとは自動的に回りはじめます。人よりも大きく素早く成長していると目立ちます。そのスクスク成長している様は、周りの人を明るくさせ、「多少の失敗は許してやろう、成長に協力しよう」という気持ちにします。

そうなれば、加速度的に成長でき、成功確率は普通に努力している人よりもグングン高まります。

さらに協力してくれた人たちも成長し、「この人にかかわると何だかいいことが起こるし、一緒に仕事をしていて楽しい」と感じるようになります。こうなれば、何人分もの力を得ることになり、さらに成功確率は上がっていくのです。

ピンチによって問題を発見し、周囲の人と一緒に改善に取り組むことにより、解決する力を得ることができ、結束力も高まります。

これが、ピンチがチャンスに変わっていく道筋です。

しかし、道筋をきちんとたどるためには、ピンチを前向きに捉え、その効用を十分心に留めておかなければいけません。

ピンチは避けるものではなく、むしろ呼び込むべきものである、という心構えが必要なのです。

「ピンチを呼び込む？」またまた**逆説**です。

誰しも、できれば平穏安寧《へいおんあんねい》で、危険や危機から遠ざかっていたいはずなのに、あえて自ら呼び込もうというのですから。

しかし、逆説にこそ**逆転**のヒントがあるのです。


〝あえてピンチを呼び込もう。ピンチ＝失敗をどんどんしていこう。失敗なくして成功なし〟


これが、**逆転**思考の基本となる考えです。

皆がやること、右にならって同じことをやるだけなら、列の後ろに並ぶしかありません。

あえて**逆境に飛び込み**、成長の仕組みを理解し実践することによって**逆転**と呼べる大成功を目指していきましょう。

〝いい失敗〟と〝悪い失敗〟

「失敗しろだって!?　いわれなくても毎日のようにやらかしてるよ！」

「本当に、失敗するだけでいいの？」

もしこう問われれば、謝らないといけません。

今までの説明では、「ただただ失敗していれば成長し、成功するんだ！　これが逆転思考だ！」といっているように聞こえたかもしれませんが、そんな甘い話ではないのです。

というのも失敗には **〝いい失敗〟と〝悪い失敗〟があります。**

ここまでお話ししてきた失敗というのは〝いい失敗〟のことを指しています。ただ闇雲に失敗すればいいというわけではなく、〝いい失敗〟をしないと成長できないのです。

「失敗に〝良い〟なんてあるの？」

そろそろ、**逆説**に慣れてこられたとは思うのですが、あるのです。

〝いい失敗〟を定義すれば、

「ストレッチされ、摩擦が起こり、繰り返されず、再起不能にならない失敗」

ということになります。

つまり、多少の痛みや苦しさを伴い、それでいて完全に挫折してしまわないくらいの失敗が〝いい失敗〟ということになります。

例えば、筋力トレーニングでは、まず筋肉を損傷させます。ある種の失敗をするのです。その後、筋肉は回復時に、前回程度の負荷ではもう傷つかないよう強化、再生されます。超回復と呼ばれる現象です。

〝いい失敗〟は精神力や能力について、この超回復を起こします。ですから、苦労や苦痛によって、多少は傷つかなければなりません。

「今日も遅刻して怒られちゃったよ。最近週2でやっちゃってまーす」

「どうしても持ってくの忘れちゃうんだよねー、会社概要。あっ、今日も忘れた！　テヘ」

これらは〝いい失敗〟とは呼べません。傷ついていないからです。

なぜ傷つかないかというと、同じ失敗に慣れてしまっているからです。

腕立て伏せを1回やっても筋肉がつかないのと同じで、余裕があるようでは成長できません。

失敗が次の行動に活かされず、同じ失敗を延々と繰り返すのが〝悪い失敗〟の特徴です。「反省だけなら猿でもできる」と誰かがいいましたが、反省を次に活かせない失敗では意味がないのです。

失敗から学び、同じことを繰り返さないようにしないといけません。

同じような失敗というのはルーティン、つまり繰り返し行う作業で起きがちです。そして、皆さんも含め仕事をしている人の大半はルーティンの中にいます。

「そんなことはない！　営業先は毎回違うから繰り返しなんかじゃない！」

「同じデザインなんてこの世に存在しない！」

という声が聞こえてきそうですが、残念ながら９割以上は繰り返しの作業です。訪問する先、用意するもの、話の骨子、上司に出す報告書の内容の大半は似たりよったりのはずです。だからこそ、ＳＦＡやＣＲＭといった営業業務を効率化するソフトも存在するのです。

デザインもしかり。アドビやイラストレーターといったソフトウェアや素材が既にあるということは、まったくのゼロから作り上げる部分は限られているからでしょう。

オリジナリティの塊であるはずのロゴデザインでもコピペが問題になっていますよね。

もちろん、100%同じだとはいいませんが、過去をなぞっているが故に、どこか似てしまうのです。

既存事業というのは、そのほとんどを先人が形作っており、決められた通りできるかどうかが重要です。

だからこそ不確実性を減らすことができ、企業として安定的に事業を継続することができるのです。ルーティン化、オペレーション化というのは効率的に事業を運営していく上で当然の要請なのです。

しかし〝いい失敗を呼び込む〟という観点からすると、これはあまり良い環境とはいえません。〝いい失敗〟の機会が新しいことを手掛けるときに比べて格段に少ないからです。

というのも、最適なやり方が大方確立されてしまっており、試行錯誤はあまり必要とされないのです。そうなると効率化こそが至上命題となり、失敗は嫌われ、評価を下げることになってしまいます。

ですから〝いい失敗〟をするためには、新しいことに取り組まないといけません。

もちろん既存事業でも新しいことに取り組むことは可能です。

ただし、既存事業のなかでやろうとすれば、周囲の多大なる理解が必要になります。トヨタのカイゼン活動が、既存事業にもかかわらず、新しい手法を生み出していけるのは、職場の皆が参加し、定期的に行われているからです。組織の上から下まで全員が必要性を理解し、参加しているからこそ、新しいことができるのです。

普通の組織において、新しいことをやろうとすると、このようにはいきません。「余計なことをするな」「何がしたいの？」「いいから、いわれた通りやれ！」となるのが関の山です。

ということは、**人よりも大きく早く成長しようとするなら、周りが手掛けていないことに挑戦するのが早道なのです。**

新規事業が一番わかりやすいのですが、企画は一人でできても、提案し承認され実行に移せるようになるまでには、相当の時間とエネルギーが必要となるのがネックになります。既存事業でも、営業なら新しい顧客を開拓する、新しい営業資料を作る、いつもとは違う形でフォローを行うなど、できることはたくさんあります。

しかし、どれも今まで先輩が教えてくれた仕事のやり方と違うので、組織の軋轢《あつれき》に負けないよう工夫しないといけません。

今まで指導してくれた上司や、顧客が怒り出す可能性もあり、苦労するとは思いますが、成長するためには最高の機会になります。

どちらにせよ新しいことをするにあたって、一番重要なのは自ら仕掛けるということです。

誰かが「こういうのどうよ?」「ほら、新しいことやってみれば」と声をかけてくれるのを待っていてはいけません。

自分の考えを持ち、自発的、自律的に動き、自ら仕掛けていくということが〝いい失敗〟をするための第一歩であり、同時に、最大の関門になります。

「何かやりたいけど、やり方がわからない」

「過去の失敗がトラウマになっているけど、もう一度チャレンジしたい」

もしあなたが、こういうタイプなら安心してください。この先に具体的な処方箋が出てきますので、きちんと手順を踏んで、挑戦していただければＯＫです。

しかし、もし新しいことになんか興味ない、成長したくない、失敗したくない、このままでいいと思っておられる方は、読み進めても頭に入ってこないかもしれません。

しかし、よく考えてみてください。

もしあなたがそういう人なら、そもそもこんな本を手に取りますか？

誰かに命令された。あるいはたまたまこの本が置いてあったという方もおられるのかもしれませんが、そんな方もこれは運命なのだと思って、是非次の「なぜ、今、逆転思考が必要なのか？」までは読んでみてください。

なぜ、今、逆転思考が必要なのか？

今、世界は大きく変わりつつあります。変化は昔からあったのですが、どんどんスピードアップしているようです。

世界がフラット化してきているのです。

フラット化とはどういうことでしょうか？

「フラット＝平ら」になっているのは地球です。発展途上国と呼ばれていた国々が新興国となり、先進国との差がなくなって、同じ土俵で競争できるようになってきています。今まで存在していた格差はどんどんなくなりつつあります。ＩＴ技術やＬＣＣの登場により、人や情報の移動スピードもどんどん加速しています。

良い面は、世界中の人々が経済発展の恩恵に預かれるようになり、生活水準が上がっていることです。

反面、政治や経済においては、競争相手が飛躍的に増え、争いは激化しています。

日本も好むと好まざるとにかかわらず、その競争に参加するしかありません。

地球上に、他の国と交流しながら存在している以上、参加せざるをえなくなってしまったのです。

年収３００万円で幸せに過ごすとか、身の丈にあった縮小均衡を、という論もあります。どんどん激しくなる競争から目を背け、穴倉に閉じこもろうという逃げ切り案です。

コレどうなると思います？　逃げ切れると思いますか？

突然ですが、山でクマと出会ってしまったときの対処法を皆さんはご存知でしょうか。10人中９人がやってしまうのが、背を向けて逃げ出すことです。反射的にそうしてしまうのです。

しかし、逃げるとクマは反射的に追いかけてきます。狩猟本能というやつです。そのスピードは山中でも車並みです。よほどの幸運がない限り（クマが突然心臓発作を起こすとか）必ず追いつかれ、やられてしまいます。

一番被害が少ないといわれているのは、まず動かないことです。**逆張り**行動です。向こうが迫ってきても向き合って動かないでいるのが正解らしいのです。

「戦う」「ゆっくり後ずさりする」というのも、逃げ出すよりましです。

どちらにしても現実を直視し、しっかりと向き合う姿勢が必要なようです。

様々な問題や仕事も同じなのです。逃げ出したくなるのは僕も同じですが、それは最悪の選択なのです。

まず、逃げ出さず問題に向き合っていきましょう。

逆張りです。

その上で、相手より素早く変化し、新しい環境に適応していきましょう。競争相手が増えれば、環境変化のスピードはどんどん増し、競争ルールもめまぐるしく変わってしまうからです。

では、競争相手よりも素早く適応するためにはどうすればいいのか？

それは、自らがプラスの方向に変化するしかありません。**つまり成長するということです。**

日本は元々、失敗への許容度が低いといわれています。一度失敗した経営者がもう一度チャレンジすることが困難であったり、大きな組織の人事評価は減点主義で、出る杭は打たれるようです。本当のところはよくわかりませんが。

しかし、これはどちらでもかまいません。もし失敗の許容度が低いのであれば、この本の読者&実践者にとって、競争相手が少ないことを意味します。失敗を恐れる人、嫌がる人たちばかりになっているはずですので。

ということは、戦いやすい環境、ブルーオーシャンであるといえます。少なくとも日本は逆転思考を実践する人たちにとって成功しやすい環境といえます。

一方、実はそんなことはなく、日本全体が失敗を糧にし成長するような風土ならば、日本全体の競争力は高いはずです。

その中でも競争に打ち勝てるとすれば、日本でも世界でも戦える実力があるということです。「ストレッチと摩擦」をきちんと実践さえすれば大丈夫です。打ち勝てます。

どちらにせよ、個人として、新しい試みに果敢にチャレンジし、ストレッチし、失敗し、摩擦を起こし、成長するということを繰り返していけばいいわけです。


個人的感想ですが、世界は日本に比べるといい加減で、雑です。

ベトナムにＩＴシステム構築を外注するというプロジェクトがありました。

価格が安いというのが売りですが、彼らのいいところは安請け合いをする、もといできません」といわないところです。

できない、無理だといわず、「まずやってみます」という姿勢は素晴らしいものです。でも約束を必ず守り、やりきるのかといえば、そういうワケではありません。とりあえずやってみるだけです。

ひどい会社だと、期限ぎりぎりになると一切連絡がつかなくなり、逃げ出してしまうこともあります。もちろん、納品なんか行われません。

しかし、いくつかの会社、何人かの技術者は驚異的な頑張りと成長でプロジェクトを完遂します。そして、どんどん仕事を頼まれるようになります。

「安かろう悪かろう」であったはずなのに、気がつくと、安価で素晴らしい仕事をする人たちが生き残っているのです。

平均すると、依然日本人のほうが素晴らしい仕事をしていると思います。しかし、突出した能力が出現する確率はベトナムのほうが高いかもしれません。

そして、先ほどからの話にあるように、競争相手が世界中になったときには、平均より少し上であるだけでは、選ばれません。

なぜなら、世界を見渡せば、いたるところに突出している人たちがいるからです。ということは、**突出しないと通用しなくなります。**

こういった競争の激化が皆さんの仕事や生活に影響してくるのは、明日かもしれませんし、10年後かもしれません。

もし幸運なら、向こう100年はないかもしれません。しかし、もし来てしまえば、そのときになって慌てても間に合いません。即アウトです。

ですから、今から準備しましょう。そのための、**逆転**思考です。

とにかく挑戦しよう

英語にコンティンジェンシープラン（contingency plan）という言葉があります。別に、「僕は難しい英語知ってるんだぞ！　カッコいいだろ！」と自慢したいわけではありません。外資系コンサルティング会社出身だというと、すぐ横文字を使いたがると疑われますが、「はじめに」にもあったように誤解です。

この言葉には適訳がないのです。何とか訳すと「緊急時対応計画」とか「非常事態発生時対応計画」になるようですが、要は最悪の出来事が起こったときにどう対応するか事前に考えておきましょうということです。

なぜ適訳がないかといえば、そもそも日本にはこのコンティンジェンシープラン的考え方がない、というよりそういうものを嫌う風土なのです。

言霊《ことだま》や忌《い》み言葉と呼ばれるものがその代表です。

不吉なことを発言すると、それが実現してしまうと考えるのです。

〝思考は実現する〟ではないですよ。「言葉には魂が宿っており、口に出したことが実際に起きてしまう」と考えるのです。それも悪いことに限って。

〝言葉は実現する〟と考えるのです。おまじないです。

有価証券報告書でリスクの開示がきちんと行われるようになったのも、ここ10年くらいではないでしょうか。

未だに事業の将来について議論する会議などにおいても、不吉なこと、悪いことを口にするのはやめようや、という風潮があります。

隠蔽《いんぺい》体質といいますか、事なかれ主義といいますか、日本人全体の気質なのでしょうか。

しかし、これは合理的な考え方とはいえません。100％リスクがないことなんて、この世には存在しないからです。

「リスク」という概念も日本では誤解され、悪いイメージを持たれています。

英和辞典をみても、「危険、恐れ」と書いてあります。

本来、リスクというのは中立的な意味しか持っていません。リスクはリターンとくっついていて、低いリスクは低いリターンしかもたらさず、高いリスクをとれば高いリターンをもたらすものなのです。

ですからリスクについて考えるときには、リターンについても同時に考え、それぞれを衡量《こうりょう》し、リスクが顕在化したときの対応策を準備しておく必要があります。

家で寝ていても、道を散歩していても、レストランで食事していてもリスクは常にあります。

隕石が落ちてきたり、車が突っ込んできたり、出されたものに毒物が混入していることがないとはいえないでしょう？

中国の故事にある杞憂《きゆう》ではないですが、リスクの大きさばかりに気を取られ、起こる確率を考えないのは合理的ではありません。

リターンについても同じことです。大きさにばかり気をとられ過ぎてはいけません。ポジティブシンキングとかカッコいいネーミングにしてもダメです。

最悪のケースを想定し、準備しておく。

あまり楽しい作業とはいえませんが、これは避けては通れない作業です。

リスクとリターンの大きさと確率をきちんと見極めた上で、リターンが上回るはずの挑戦に臨まないといけません。

誰かからいわれた100%安心、安全と思えることを、文句をいわずにやる。それだけでは世の中を渡っていくことができない時代になってしまったのです。

最大のリスクを見極め、確率論でリスクを論じることのメリットは、挑戦しやすくなるということにあります。失敗も覚悟の上で、挑戦することができるからです。ありがちな悲壮感はなくなります。

「挑戦して、失敗し、失敗を成長につなげる＝適応する」というサイクルを回していくことこそが成長につながると述べてきました。

この「**挑戦・失敗・適応**」という成長サイクルを回していくための入口が挑戦であり、そのためには失敗を無闇に恐れずに、失敗のリスクを正しく見積もることが大切です。

成功か失敗か、100かゼロかで考えてしまうと、成功がはっきり見えるまで挑戦できなくなってしまいます。

どんどん挑戦するために、あえて悪いことが起こる可能性を考える。うまくやるために、最悪の事態を想定しておくという**逆説**がここでも必要なのです。

専門性、ITリテラシー、ロジカルシンキング、英語、リーダーシップ。フラット化した競争社会では様々な能力が求められます。どれも必要ですが、どれも身につけるのが大変ですし、日本人には不利なものも多いです。英語なんて僕も未だ身につけられていません……。

変化の激しい世界では適応力が求められます。

難しいのは、どんな技術や能力があれば、勝ち残っていけるのかわからないということです。予測がどんどん難しくなっています。プレーヤーが増え、それぞれの動きも早くなっているからです。

ですから、どれか一つの能力に特化するよりも、**必要とされる能力に素早く適応できる能力が求められます。**

「適応するか？　死ぬか？　世界はgrow or dieのルールでできている」というと、すっかり戦意喪失してしまうかもしれません。

しかし、進化論が正しいとすれば、生き残るというのはそういうことなのでしょう。

ここでの救いは、１００点満点をとることを求められていないことです。適応できさえすればいいのです。60点くらいとれればいいのです。

いや、むしろ100点をとってしまうとダメです。

「なぜ?」といえば、ある特定のジャンルで100点をとってしまうと、安心して他で点をとろうとしなくなるからです。

それだけではありません。とりたくてもとれなくなるのです。ある一分野に過剰適応してしまうと他の分野に適応できなくなるという**逆説**があるのです。

ですから、新しい分野に、完璧でなくても素早く適応できれば、特定の分野で100点をとれる能力の高い人たちにも打ち勝つことは可能です。

また、組織の上に進みたい、つまり地位や名誉を得たい、昇進したいなら、様々な分野に対応できる能力は必須です。

いろいろな分野をざっくりと理解し、総合的に判断を下すことが求められるのがリーダーです。そういう意味でも適応する力は重要です。

競争が激化するというのは、新しいこと、新しい知識、新しい技術が今までより速いスピードでどんどん出てくることに他なりません。

大変そうですが、適応力があれば、むしろチャンスです。かつての技はすぐに使えなくなり、新しい技にとって代わられてしまうということは、競争相手が力を失うということです。

日本人は完璧主義といわれます。完璧主義だからこれだけ強い製造業や〝おもてなし〟サービスが生み出せたのでしょう。

一方、完璧主義の弊害も出ています。それが、いつも、どこでも１００点をとろうとしてしまうことです。

そうなると、「どの分野でも60点はとれます」という能力は、特に日本において貴重なものになります。

では、適応力を高めるにはどうすればいいのか？

答えは、**「挑戦し、失敗し、成長する」**ことです。

すみません。いつも同じことの繰り返しで。でもこの方法が一番手っ取り早いのです。

しかもこのやり方は、先ほど述べた難しい知識や技能と比べれば習得は難しくありません。時間もかかりません。

ただ、失敗を成長につなげることさえできればいいのです。そうすればどんなジャンルでも適応できます。

つまり、**失敗を成功につなげていくことは誰でもやろうと思えばできますし、どこでも、いつでも使える技術なのです。**

ただし、やはりコツというものは存在します。次章以降、詳しくみていきましょう。

求められる能力が大きく変わった

今、高い評価を得ていて、誰かを「あいつ熱いだけで、要領悪すぎなんだよね」と笑っている人、ウカウカしてられませんよ。

さきほどもいいましたが、誰かに命じられたことをきちんと効率よくやるだけでは大した付加価値にならない時代が、僕の予感では多分、もうすぐそこまできています（ただし、5年前から同じことをいい続けていることは認めます）。

社会に存在するほとんどの仕事は既存事業だといってきました。

既存事業というのは、顧客を安定的に獲得し、利益を生み出し、競争を勝ち抜いて生き残ったものですから、当然そこに「人・モノ・金」を集中させようとします。

ですから、学校教育も既存事業に対応できる人材育成を主たる目的にしているのです。

既にある知識をきちんと吸収し、自分の中で整理し記憶し、それらを組み合わせアウトプットすることを素早く効率的にできるようにするのが、学校教育の目的です。

入試の合否や成績が、テストという形で判定されるのもそのためです。

与えられた問題に、限られた時間内でいかに効率的に解答できるか？　という能力、「問題解決力の出来・不出来」が検証されているのです。

あまりに長い間、問題解決力を鍛えていたため、能力＝問題解決力という風に思い込みがちですが、他にも必要な能力はあるのです。


その一つが、**問題発見力**です。

〝誰もまだ気がついていない、あるいは気がついているけれど重要だと思っていない〟問題や課題を見つけ出す力です。

一応、夏休みの自由研究などが存在するのは、問題発見力を育成しようということでしょうが、生徒も親も先生さえも重視しているようには思えません。

少なくとも僕は「面倒くさい。これに何の意味があるの？」と思っていました。ところがリーダーシップにおいては、問題発見力のほうが重要なのです。皆がそれまで見過ごしていたのに改めて提示されると、「解いてみたい、取り組んでみたい」と思わせる課題を見つけ出すのがリーダーの大きな役割であり、リーダーシップの出発点となります。

逆に、問題の解決はチームメンバーに委ねてしまってもかまいません。

しかし、「どの問題・課題に取り組むのか？」はリーダーが決定しなければならないのです。なぜなら、挑戦‐失敗‐適応サイクルのスタートは問題発見にあるのですから。

夏休みの自由研究をはじめ、実験し何らかの発見を促す授業、海外の大学院で求められるエッセイなどは、問題発見力を育成／検証しようとする試みだと思います。

しかし、まだまだ限定的です。多くの人を同時に教育しようとすれば、授業という形式が一番効率的だからです。

自分で問題を発見する、作り出すというのは、なかなか授業という形式にそぐわず、多くの人数を一度に効率よく教育できません。

それに何より、評価が難しい。

なぜなら、誰も正解を知らないし、知らないものを見つけるからこそ価値があるのが問題発見力なので、先生も評価できないのです。

しかし、徐々に動きはあります。

次のものは、ある大学の推薦入試における要件です。

（1）学業成績に秀出ていること（各校の上位概ね5％以内）。

（2）現実の中から本質的な問題を発見し、独創的な形で課題を設定する能力を有すること。

（3）問題の解決に向けてイニシアチブを発揮できること。

（4）異なる文化的背景や価値観を有する他者とのコミュニケーション力に優れていること。

これ、どこの大学のものかわかりますか？

何と日本最難関である東京大学のものです。あの東大が推薦入試をはじめたのです。

東大なんて何もしなくても、優秀な人材が集まるはずなのに、なぜこんな合否基準が曖昧で面倒な入学試験をはじめたのでしょうか?

狙いは、やはりリーダーシップを持った人材の育成と輩出にあると思います。

(1)は従来の問題解決力の確認ですが、(2)はまさしく問題発見力を問うものです。

では(3)(4)は何なのでしょうか?

多分、皆さんがリーダーシップという言葉を聞いたとき、パッと頭に思い浮かぶような能力です。

いわゆる人の想いや考えをくみ取り、自分の考えを相手に伝えて説得、納得させる力。そう、いわゆるコミュニケーション力です。

(1)(2)がアウトプットする力だとすれば、(3)(4)はそれを人に伝え、皆をまとめ動かすために必要な力です。

つまり、必要な能力をまとめると、

1、問題発見力

2、問題解決力

3、コミュニケーション力

の三つということになります（図1参照）。

今までの入学試験や期末試験などで検証されているのは2の問題解決力だけです。「学歴なんて役に立たないよ」という人もいれば、「やはり東大出はすごい！」という人もいます。なぜそんなことになってしまうかといえば、この三つの能力を混同して議論してしまっているからです。

既存事業においては2が重要であり、したがって学歴は仕事ができるかどうかを判断する上で、最も重要な指標になります。よく知らない人たちをまとめあげるときの権威づけにも有効です。

企業の採用において〝学歴偏重は問題だ。学歴と仕事ができる力は関係ない！〟という批判もありますが、既存事業のようにやり方が確立され、環境変化が少なければ、学歴と仕事ができる力には正の相関関係があります。

もちろん1や3もあるに越したことはないのですが、採用において一番効率的なのは2の能力をたくさん取り込むことです。

その意味では、高偏差値を誇る大学からの採用が一番手堅いやり方であり、学歴偏重の

図1　リーダーシップに必要な能力

一人で何かをアウトプットする力	問題発見力
	問題解決力
人に伝え、皆をまとめて動かす力	コミュニケーション力

採用を批判するのは的外れといえます。

一方、新規事業やイノベーションにおいて重要なのは1の問題発見力です。当たり前ですが、問題がないと解決できないわけです。誰も気づいていない問題を発見する能力がまず求められるのです。

しかし、1の能力は見極めが難しい。

筆記試験では、あるのか？　ないのか？　なかなかわかりません。

当たり前ですよね。既に問題は与えられてしまっているのですから。

3の能力も出題者の意図を理解できないと点数はとれないので、理解力は判別できるのですが、人を説得する力やプレゼンテーション能力はわかりません。

東京大学も筆記試験は合否の基準が数値化でき、公正であるという美点はあるのですが、2の能力しか十分には評価できないため、推薦入試というものを設けたのだと思います。

このように教育機関も変わりつつあります。時代はリーダーシップを求めているようなのです。ただし、リーダーシップは実践の中からしか生まれません。

座学も、もちろん実践のヒントにはなりますが、カンナの使い方をいくら教えられても、詳しい教科書があったとしても、実際に使ってみないと、うまく使えるようにならないように、リーダーシップも実践してみないと身につかないものなのです。

何度も何度も失敗し、その経験からどうすればうまくできるのか考え、もう一度試し、また失敗する、を積み重ねるなかでしか身につけることはできません。

リーダーシップにおいても、やはり失敗をする能力が求められるのです。

実際に失敗しながら、身銭を切って身につけたものは、血肉となり簡単に忘れたりしません し、いろいろな場面で応用できるようになります。

ですから、皆さんもこの本を読んだだけでは不十分です。読み終わったらすぐに実践してください！　読んでいる途中から、できるところから、実践してみてください。

実際やってみて、失敗して、本に戻って確認して、またやる、というのが理想的です。

もう一つ、実践しているとうれしいおまけがついてくることがあります。いや、おまけどころか宝くじの大当たりを引くことだってあるのです。

セレンディピティ（serendipity）という言葉をご存じでしょうか？　これは、偶然、素晴らしい発見をすることなどを意味します。

　島津製作所の田中耕一さんがご自身のノーベル化学賞に輝いた研究を「ヒョウタンから駒」だとおっしゃっていますが、これなど正しくセレンディピティです。

　田中さんの発見を簡単にまとめると、いろいろな材料を混ぜ合わせてある特性を出そうとしていたところに、間違った材料が混入してしまい、普通なら捨ててしまいやり直すところを「もったいないから」ということで試しにやってみると、うまくいったということなのです。

　失敗が成長どころか大成功につながった事例です。

「ヒントは現場に落ちている」とか「現場、現実、現物」とかいいますが、考えるだけ、知るだけでは足りなくて、実践がいかに大切かを教えてくれます。

　ですから、ここで私たちがマネるべきは「田中さんついてるなあ。俺にも運が向いてこないかなあ」と空を眺めてボヤくことではなく、どんどん失敗し、失敗をムダにしないという思いを常に持ち続けることです
　田中さんの大学での専攻は電子工学で、化学ではないそうです。「専門知識にとらわれずやったのがよかった」とおっしゃっているようですが、専門知識がなくとも、誰でも失

敗を成長につなげようとする心意気さえ持つことができれば、大発見、大成功を生むかもしれないと思える、いいお話だと思いませんか。

今、時代と世界が大きく変化し、重視される能力も変わってきています。

リーダーシップには三つの能力が求められ、特に問題発見力、コミュニケーション力は挑戦することの中でしか身につきません。

新しい分野に挑戦し、失敗し、それを糧に成長につなげる。簡単にいえば、それだけでいいのです。

しかし、人よりうまくやる、継続するためには、習得しておくべき技術というものが存在します。

技術という以上、仕組みがあり、学ぶことができ、きちんと実践の中で繰り返せば、誰でも身につけることができます。

次章からは、逆転思考をより具体的に実践するための方法を見ていくことにしましょう。

第2章
成功するための失敗とは?

Reverse Thinking

本当に失敗したほうがいいのか？

積極的に失敗しようといってきましたが、「本当に失敗したほうがいいの？」「やっぱり、失敗しないほうがいいんじゃない？」という方もまだいらっしゃるでしょう。

第1章と似たようなオープニングで、しつこいと思われるかもしれませんが、一番大切なところなので、今しばらくお付き合い下さい。

「成功体験が成功を生む」とおっしゃられる方もおられれば、「失敗は成功の母」と断言される方もいます。

「どっちが正しいんだ！」と突っ込みたくなる気持ち、わかります。

ホントのところ、どちらが正解なのでしょうか？

普通に考えれば、失敗より成功のほうがいいに決まっています。この本においても、最終的には成功を目指しているのですから。

しかし、逆説と逆張りと逆算がないと逆転できない、とこの本では考えています。

ですから、成功というものを逆の方向から考えてみましょう。

すると、いいことずくめに思える成功にも怖いところがみえてきます。

過信を招いてしまうのです。しかも恐ろしいことに、いくら気をつけても過信はこっそり忍び込んできます。

自慢じゃありませんが、僕なんてまだロクに成功していないのに、社長を10年も続けてきたせいでしょうか？　ガッツリ慢心しています。

誰かに指摘でもされようものなら「耳に痛いことをいってくれる忠臣だ。有難い。大切にしないと」などとは絶対に思いません。逆切れして、遠ざけること請け合いです。ですから、自省も込めて書いています。

過信を甘く見てはいけません。

油断と挑戦の回避を招き、致命的失敗を引き起こします。

しかも、気づいたときには手遅れになっていることが多いのです。

織田信長と今川義元による桶狭間の戦いを例に出すまでもなく、過信が招いた大逆転劇は古今東西絶えることなく起こり続けています。

ですから、「一度成功したら後は安心だ！」というふうにはいきません。

成功は失敗への入口といってもいいのです。

成功が失敗をこっそり招き入れてしまうなんて、すごい逆説です。

しかも、成功が呼び寄せる失敗は、立ち直れないほどの超ド級失敗であることも少なくありません。油断しているから対処に遅れ、無防備な状態で襲われるので致命傷になってしまうのです。


ということは、ここをうまく克服すれば、成功の上に成功を重ねることができ、不可能に思えるような大逆転が起こせるということです。

過信を防ぐのは、成功しすぎないことで、成功しすぎないためには日々失敗し続けることが一番です。

失敗にも〝いい失敗〟と〝悪い失敗〟があると先にいいました。先ほど〝立ち直れないほどの超ド級失敗〟と書きましたが、心が折れてしまい立ち上がれなくなるような失敗をしてはいけません。

挑戦することをあきらめてしまうような失敗は避けねばなりません。

致命的失敗をしないためには、これも**逆説**的なのですが、**致命的ではない軽めの失敗を普段からたくさん経験しておく**ということに尽きます。

前にあった、反省を伴わない失敗慣れではなく、致命的失敗を避ける失敗勘とでもいうような能力を身につけるためにも〝いい失敗〟経験が必要なのです。

少しややこしい話で恐縮なのですが、そのためには、新人のときに積極的に失敗しておくことと常に大きな目標を持つことが重要です。

新人は、できなくて当たり前です。また大きな責任を負わされることも少ないので、失敗が致命傷になることはありません。

このときにこそ挑戦し、失敗しておくことが重要なのです。

偉くなったり、ベテランになってからいきなりする失敗は致命的なものになりがちです。

「もうこの仕事について長い。もう失敗できない」

と打ち震えている方、ご安心ください。新しい取り組み、人と違う取り組みをすれば大丈夫です。

他社や隣の部署で行われていて、自分たちがやってないことを真似るだけでもＯＫです。

そこでの失敗は可愛げにつながり、むしろ部下や同僚から愛されるかもしれません。

もう一つの失敗に関するタブーについても繰り返しておきます。

「同じ失敗を繰り返さない」

というもので、成長につながらず、周囲の目も厳しくなり、皆の協力が得られなくなります。

当然、挑戦することへの風当たりも強まり、摩擦（フリクション）を起こせるような関係は構築できず、成長機会を失うことになります。

致命的失敗を避け、同じ失敗を繰り返さない。この二つだけを心掛けておけば、あとはどんなに失敗してもかまいません。

ただし、いくら注意していても致命的失敗は確実に近寄ってきます。

ですので、失敗経験を十分に積み、致命的失敗を避け、対処する能力を培わねばなりません。

それは、ワクチンを打ち、免疫をつくることに似ています。

ワクチンが、無毒化された病原体からしか作れないように、致命的失敗を避ける能力も、成功体験からは決して得られず、再挑戦可能な失敗経験を積むことからしか得られません。

だからまず最初は軽めの失敗からはじめましょう。いきなり、難しい責任ある課題に取り組もうとしないことです。急がば回れで、失敗慣れが必要なのです。

失敗のことばかりで、すっかり成功について忘れてしまったみたいですが、もちろんこの本における最終目標は逆転成功することです。

でもくどいようですが、成功したという思いがもたらす致命的失敗は恐ろしいものなのです。こっそり近づいてきていても、「私なら逃げなくても大丈夫。何しろ成功している実力の持ち主だから」と判断を鈍らせてしまいます。しかし、致命的失敗は一度でも起こしてしまうと、取り返しがつかないのです。

いい失敗を繰り返し経験し、いい意味でビクビクしていられれば、こういう成功の罠に陥ることはありません。

そのためには、常に**失敗し続ける**ことが最高の解決策です。

成功から復讐される⁉

図2は、ある製造業メーカー二社を比較したグラフです。

この二社は同じ業種に属しており、扱う商品も会社の規模も似ています。大きな親会社を持ち、そこへの原材料供給を主たる業務として長く続けてきたという点も同じです。

にもかかわらず、ご覧いただければわかるように、10年間の業績トレンドは明らかに真逆になっています。というよりA社はB社に逆転されてしまっています。

何が原因なのでしょうか？

パッと思いつくのは、

「親会社が好調になり、御相伴にあずかった」

「大ヒットが生まれた」

「中興の祖とも呼べる名経営者が出た」

「コストカットに成功した」

図２　二社の業績比較

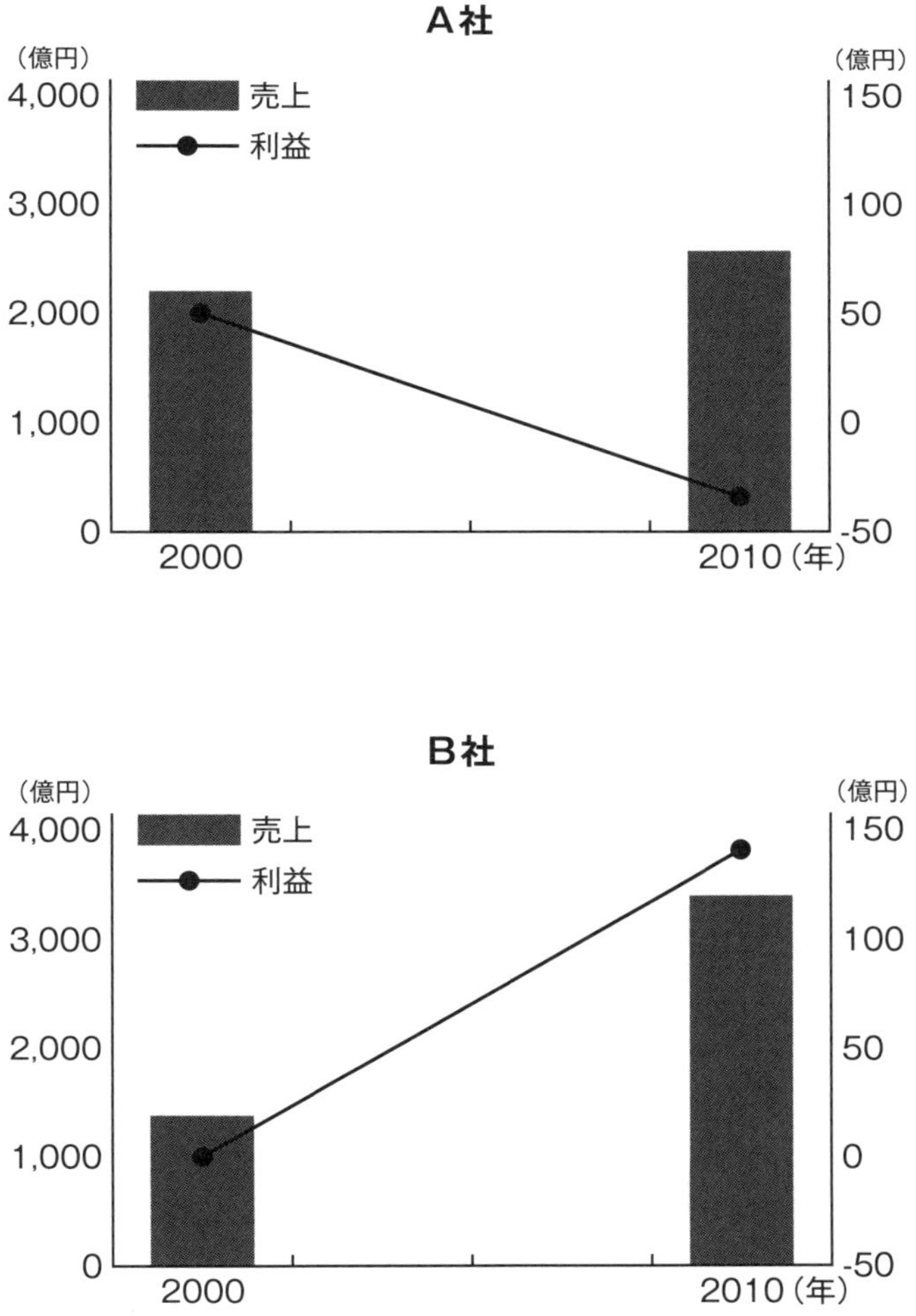
A社
(億円)
4,000
3,000
2,000
1,000
0
(億円)
150
100
50
0
-50
売上
利益
2000
2010（年）
B社
(億円)
4,000
3,000
2,000
1,000
0
(億円)
150
100
50
0
-50
売上
利益
2000
2010（年）

「社員のやる気に火がつきイノベーションに取り組んだ」

などでしょうか？

あるいはA社だけが特にうまくいかなかったということでしょうか？

実際には、そういうことではなくB社の独り勝ちでした。A社は業界内ではむしろ健闘しているほうで、B社以外ドングリの背比べです。

なぜこんなことになったのでしょうか？

その答えは、実は、何と……

答えの前に、皆さんは「ゆでガエル」という言葉をご存知でしょうか？　知らない人も、あまり良い意味ではなさそうだと感じるのではないでしょうか？　まあ中には、美味しそうだという人もいるかもしれませんが。

カエルを鍋に入れて水から火にかけると、温度が上がっていくことに気づかず、逃げることもしないで最後にはゆであげられて死んでしまいます。一方、熱湯にいきなり放り込むと、びっくりして鍋から飛び出し助かるというのです。

つまり、環境変化が緩やかに起きた場合、気づかずに手遅れになってしまうけれど、急激に変化すれば、ハッと気づいて対応できるという寓話です。

実際に実験してみた方によれば、ゆっくり温度を上げてみても、熱く感じた時点で暴れ出して逃げ出すらしく、よくできた話ではあれ事実ではないようですが。

しかし、この二社のグラフは、まさにそのゆでガエルが実在したことを表しています。

答えを申し上げると、不景気時にA社は親会社からの要求が厳しくなったとはいえ発注量が微減にとどまったため特別な対応をしなかったのに対し、B社は親会社からの発注が激減し、売上の30％をわずか1年で失い、近いうちに売上が半分になるかもしれないということで、倒産の瀬戸際に立たされたのです。

いきなり熱湯をかけられたわけです。

B社の役員によれば、本当に社員全員、これは間違いなく会社がなくなると思ったそうです。

その瞬間から、今までのんびりやっていた新素材の開発に血眼になり、手当たり次第に営業していくなかで、ある新素材が大当たりし、今では売上の4割を占めるお化け商品に育ったそうです。利益では何と8割を占めています。

短期的には成功と失敗、安心と危機に状況が分かれたようにみえても、時間がたつにつれ立場が逆転してしまう。

成功や安心が、失敗や危機を招き寄せるという逆説です。

これは現実に歴史ある大企業でも起きてしまうことなのです。

成功を時間軸で考える

ここまで、「失敗しよう、成功は危険を招く」というお話をしてきました。しかし、世の中には「成功体験が成功を生む」と「失敗は成功の母」というように相矛盾する二つの格言が存在します。

これらも時間軸にそって整理すれば、それぞれ正しいことをいっているのです。

つまり、

「成功体験が成功を生む」→「短期的には成功体験が成功を生む」

「失敗は成功の母」→「失敗は長い目で見ると成功を生み出す母となる」

ということなのです。

逆にいえば、成功体験は長期的な成功を保証しないし、失敗を大きな目標を達成するための肥やしとせず、結果として捉えてしまえば、つらい経験でしかないということです。

このように、成功を長期・短期という時間軸にそって整理して考えてほしいのです。

では、どのような成功をどれくらいして、どういう失敗をどのくらいすればいいのでしょうか？

成功と失敗のバランスをどうとればよいのかについて考えてみましょう。

最初に、おすすめの方法を申し上げてしまうと、

「長い時間をかけて達成する大きな目標を設定する」

というものです。

〝いい失敗〟を成功するためのきっかけ、実験として捉え、小さな成功に甘んじないためには、常に大きな成功に目を向けておく必要があります。

短期的に成果を出そうと失敗を避け、小さくまとまるのではなく、成長のためにストレッチと摩擦に集中すべきです。

遠いところに大きな目標を置くことで、いい失敗は成功の種になり、小さな成功は慢心の戒めとなります。

成功と失敗が**逆転**するのです。

様々な成功者が「夢は大きく持とう、小さい夢だとそれ以上のことは実現しない」ということをおっしゃいます。

もちろんその通りなのですが、大切なのは遠くに大きな目標を持つと、失敗を成功への道しるべと考えられるようになるところです。

失敗を**逆算**することによって、成功へのステップへと変換することができるのです。

より大きな成功を目指さないで成功すると慢心の原因になりますが、大目標があれば**逆算**することができ、この成功はあくまで一里塚にすぎないと思えます。

また、失敗しても、それを成功への有用な経験だと捉えることができれば、どんな失敗も致命的なものにはなりません。

果実をまだ育ち切っていないときに収穫してしまえば、大きな成果を得ることはできません。

大きく育てるためには、小さな実がいくつかなっても摘まずに育て続け、たくさん実りすぎたときには、そのいくつかをあえて捨ててしまうことも必要になってきます。

成功とは実のようなものです。

目先の成果を得ようと、バットを短く持ってコツコツ当てにいかないことです。フルスイングを心掛け、自分の力を出し切ることに意識を集中させましょう。

失敗は成功の母というけれど

「成功は失敗の父」だという話をしてきたので、今度は逆に「失敗は成功の母」というエピソードについて考えてみましょう。

「私は失敗したことがない、電球が光らない方法を2万回発見しただけだ」

これは、発明王と呼ばれたエジソンの言葉です。あれだけ有名な発明王なのに失敗しまくっています。さらにこうもいっています。

「成功するのに確実な方法は、あきらめず常にもう1回試してみることだ」

失敗は当たり前のことで、あきらめず挑戦し続けたかどうかが成否を分けるということのようです。

蓄音器や白熱電球など、重要な発明をいくつも成功させ、ＧＥのような歴史ある大企業を興した偉人のおっしゃっていることなので、まず素直に聞きましょう。

本当に本人が発言したのかどうかよくわかりませんが、間違いなく含蓄ある言葉です。

僕がかつて在籍したソフトバンクの孫さんもたくさんの失敗をなさっておられます。そもそも最初にソフトバンクを作ったときも１０００近い事業アイデアを出した上で、選び抜いてソフトウェアの流通という事業を選んだそうです。

まあ、噂ですが。でも、もし本当なら、９９９は無駄なアイデアだったということです。実際に立ち上げた事業についても失敗されています。大半の事業は、枠組みを作ったら、後は任せるというスタイルだったので、孫さんの失敗なのかどうかは微妙ですが、ここぞという場面での意思決定にはかかわっておられたので、失敗といってもおかしくはないでしょう。

僕がいた当時にはじめた事業でその後10年残ったのは、10いや20に一つくらいではないでしょうか。

大成功したといえる事業になると、50に一つぐらいだと思います。ヤフーにせよ、ソフトバンクモバイルにせよ数多の屍の上に築き上げられているのです。失敗があったからこそ、大きく成功できたのだと思います。

失敗するから成功できるという**逆説**。ここでも実証されたのではないでしょうか。

孫さんは発想力や先見力、交渉力ももちろんお持ちなのでしょうが、僕が逆立ちしてもかなわないと思ったのは、いくつ事業がだめになろうが、あきらめず次から次へと挑戦し続けられるバイタリティ、執念です。

まさに天才を感じさせます。常人が真似できることではありません。

20世紀最大の発見の一つ、ペニシリンも失敗から生まれました。

ブドウ球菌だけを培養しようとしていたにもかかわらず、青カビが混入し、繁殖してしまったのです。

普通なら、実験は失敗だと捨ててしまうところを、よく観察してみると青カビの周りだけブドウ球菌が繁殖していないことに気がつき、抗菌剤ペニシリンを見つけ出したのです。

ノーベル賞を受賞した田中耕一さんの発見も似たような経緯があったのは、先にご紹介した通りです。

〝なるほど失敗もたまには役立つこともあるんだな、失敗しても落ち込まないようにしよう〟と考えたあなた、注意が必要です。

失敗から大発見が生まれることがあるという事実を知って、失敗を恐れず、挑戦を繰り返すことはすごく大切です。

しかし、その心意気も常に失敗から学ぼう、次に活かそう、発見しようという心構えがなければ役に立ちません。

ペニシリンの発見者フレミングも「リゾチームの発見がなければ、失敗だとして青カビが繁殖したシャーレを捨ててしまっていただろう」と述べています。

リゾチームの発見？　どういうことなのでしょうか？

実はフレミングはこれ以前にも、同様の発見をしているのです。

実験中にくしゃみをしてしまい、唾液だか鼻水だかが、菌で一杯のシャーレに飛び込んだのですが、一晩経つと飛び散った唾液の周りから菌がいなくなっていたという現象を以前に発見していたのでした。

偶然混入してしまった物質に有用性があることを発見した経験をしていたので、ペニシリンも見逃さなかったのです。

〝失敗は成功につながるきっかけであると常に意識しておく〟

ことがいかに重要かを示すエピソードです。常に意識し、構えておかないといけないのです。

この構えがあれば、失敗は成功の母となりえます。なければ失敗は失敗のまま、意味を持ちません。

ゴミを肥料にできるのか、廃棄が必要なやっかいものにしてしまうのか？

その差は大きいでしょう。

一見、ダメな失敗も意識を持つことにより、しっかりと成長につなげていく。

これこそが失敗を成功への肥やしとする秘訣です。

話が少しそれますが、エクセレントカンパニー（死語ですが……）がダメになっていくのも、この失敗の取り扱いを間違えていることが大きな原因であると考えます。

成功するにともない、綺麗なオフィスや高い給与を与えられ、社会的ステイタスも高まるにつれ、社員たちも洗練されたスタイル、立ち居振る舞いになっていきます。

無駄や泥臭さ、失敗などは極力排除され、スマートさ、効率性がもてはやされるようになります。

今があるのは、先人たちが失敗にも挫けずに、粘り強く、泥にまみれながら作り上げたからであるのにもかかわらずです。

そうなると、いろいろなところで頭をぶつけ、挫折しながら作られたはずのものが、あたかも最初から計画され効率的に作られたものであると、勘違いするようになります。

その完成した状態に憧れて入社してくる人たちは、優秀で如才ないかもしれませんが、失敗する勇気も失敗を成長に結びつける執念も、成功するまで成長し続ける粘り強さも持ち合わせていない可能性があります。

いや、その可能性はすごく高いのです。

泥臭さや、失敗、粘り強さ、どれをとっても彼らの目指すところでないばかりか、嫌い、避けるべきものなのですから。

彼らに責任はありません。しかし、スマートさや効率性を追求する人ばかりになれば、イノベーションが起こらないのも仕方ありません。

「今はうまくいっている。スマートに仕事できているけど、何か物足りない」

「自分はもっとできるはずだ。この程度では大成功とは呼べない」

「このままそこそこ出世して、そこそこいい人生なのだろうな。つまんない」

などと感じておられる方は、喜んでください。格好良くスマートにとはいかないタイプかもしれませんが、大きな成功を勝ち取れる可能性があります。

是非、効率性やスマートさを捨て、今よりもっと挑戦し、失敗してください。

新たな地平が見えてくるはずです。

いい失敗とは？

〝いい失敗〟と〝悪い失敗〟について、ここまでいろいろとお話ししてきましたが、もう一度整理しておきたいと思います。

先に、

「ストレッチ（背伸び）され、摩擦が起こり、繰り返されず、再起不能にならない失敗」が〝いい失敗〟であるといいました。

次に、悪い失敗とは、

「繰り返される同じ失敗。あるいは致命的で二度と挑戦できなくなるような失敗」であるとし、そうならないために、新人のときにたくさんの失敗をしておこうといいました。

ただそうはいっても、心が折れない限界がどこにあるのかは、周りから見てもわかりません。本人でも判断が難しい場合があります。

先程も出てきましたが、心を折らないためには、あらゆる挑戦をラストチャンス、最後だと思わないことです。

一生懸命というのはとてもいいことですが、行き過ぎるとどうしても無理が生じます。

無理とストレッチは違っていて、ストレッチはコントロールしながら限界能力に近づき、限界を広げていくことです。

無理は、自分ではコントロールできずに限界を超えてしまうことです。ギリギリまで伸びるのではなく、壊れたり切れたりするところまで行ってしまっているのです。

ここで死んでもいい。もう二度と挑戦できなくても悔いはないという場面もあるのかもしれません。しかし当然ながら、人生は死ぬまで続きます。

したがって挑戦と失敗は死ぬまで続きますし、いつ死ぬか自分で正確に予測できない限り、ラストチャンスも予測できないのです。

ですから、**ラストチャンスだと思わないことが最高の対策になります。平たくいえばそう思いつめないことです。**

一生懸命、絶対やり抜いてみせると意気込んだ後では、「明日があるさ、また次がある。もう今日は寝よう」というくらいの切り替えのよさが必要です。

「たかが失敗、されど失敗」です。〝たかが〟と〝されど〟をうまく使い分けてください。たかが失敗だと思うことによって挑戦し続ける心を失わないようにし、同じような失敗を繰り返してしまったら、されど失敗だと反省して次に活かすという風に切り替え、使い分けることがコツです。

人生の究極の目標を持つ、遠くに大きな成功の絵姿を描くというのは、そのためにも有効な手段なのです。

致命的失敗を回避する方法はわかったとして、その前段部分「ストレッチされ、摩擦を起こす」というところですが、ここは少し複雑なので、この後それぞれに章を割り当て、さらに詳しく説明します。

ここでは、一つだけ覚えておいてください。ストレッチにせよ、摩擦にせよ〝**常に自分で意識してコントロールすること**〟が重要だということです。

無意識に漠然と実行するのでなく、

「自分は今これぐらい伸びている／伸ばしている。もう少しくらいなら大丈夫かな」

「今これぐらい摩擦が起きている。少し減らさないとお互い摩耗してしまう」

と常に意識しながら、コントロールすることがものすごく大切です。

この〝コントロールする意識〟があるとないとでは、結果が天と地ほども違ってしまうことになるので、この点は是非、留意してください。

今まで〝自発的に〟とか〝リーダーシップ〟とか出てきましたが、ここでも同じです。人から命令されたことに従う人ではなく、自らが主人になることが重要なのです。現実には主人たりえなくても、少なくとも意識は持ち続けましょう。

Column

まじめで優秀だからこそ滅んでしまう

「真面目に一生懸命やるだけではダメだ! 気づいたときには会社が傾いてるぞ!」

そんな馬鹿な話ってあります? でもあるらしいのです。経営学、特にイノベーションの分野で有名なイノベーションのジレンマと呼ばれるものがそれです(図3参照)。

この理論の面白いところ、恐ろしいところは、それまで顧客のニーズや顧客の声をしっかり聞かないことがイノベーションの進展を阻害していたといわれてきたことに対して、優秀な顧客の声だけに従い、忠実にまじめにやっているだけだと大逆転を許してしまうかもしれないということを理論づけたことです。

顧客のニーズを満たそうと一生懸命行った努力によりいつしか顧客ニーズからはみ出してしまい(a持続的イノベーション)、むしろ最初は下らない、とるに足らないと思われた事業や技術が顧客ニーズのど真ん中まで成長する(b破壊的イノベーション)ことが起こり得るというのです。

ポイントは、顧客ニーズに忠実に、真面目に対応すればするほど、顧客ニーズからいつしか離れてしまっているというジレンマを引き起こしてしまうというところです。

これも恐ろしい逆説です。

顧客にいわれるままにやっているだけではダメで、時には失敗や無駄だと思われることにも目配りする必要があるということを示唆していると思いませんか？

図３　イノベーションのジレンマ

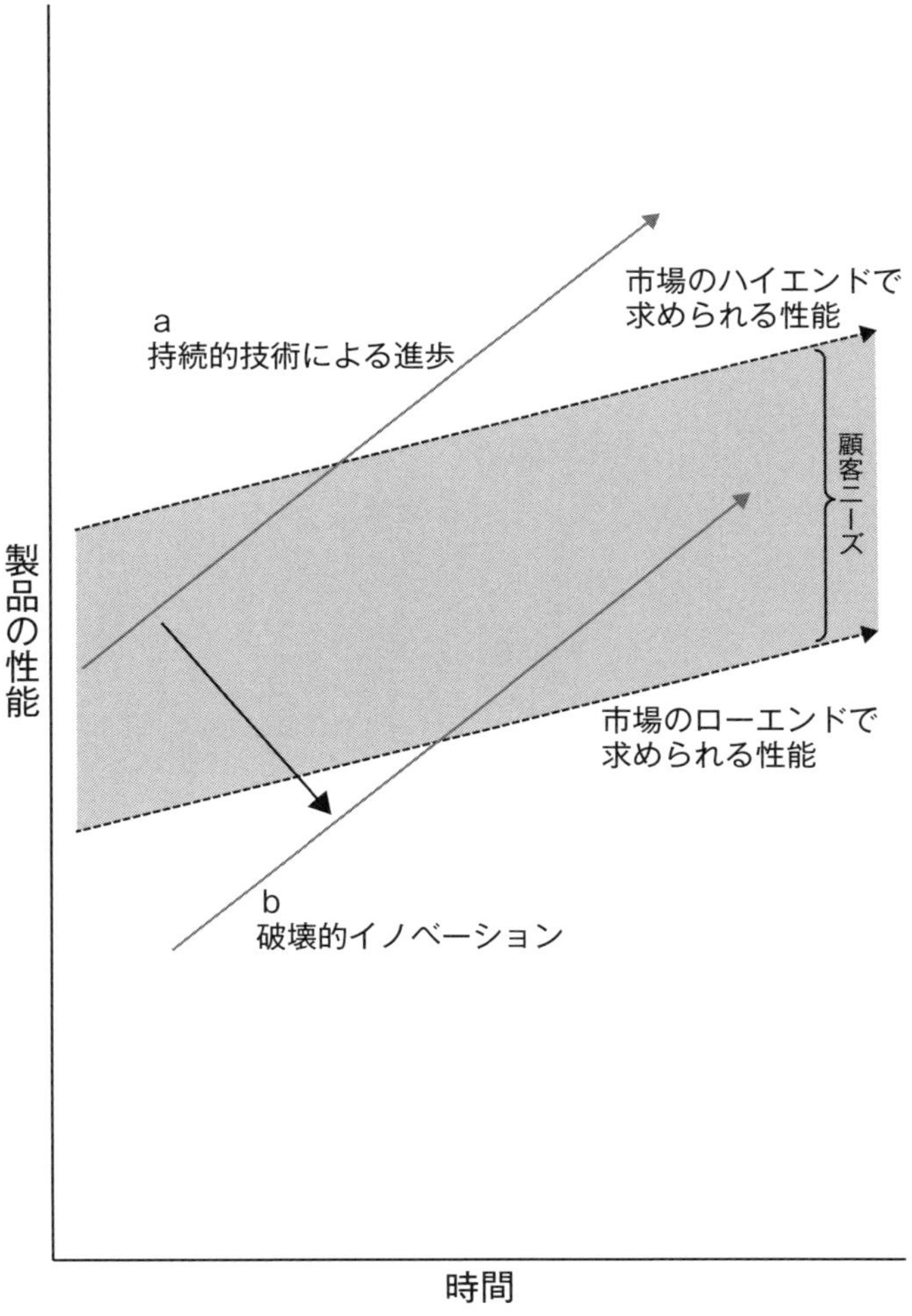

失敗にも旬がある？

ここまで、チラホラ出てきましたが、実は失敗するにも旬というものがあります。

一番いいのは、新人の時代です。

新卒や中途で新しい会社に入った頃なんて最高です。

「若い頃の苦労は買ってでもしろ」

「幼い子には旅をさせよ」

「ライオンはわが子を谷へ突き落す」

などなど、様々なことわざが存在しますが、注目すべきはどれも若いときに苦労したほうがいいと述べている点です。

なぜ若いときのほうがいいのか？

1、まだ心身ともに成長期にあり、柔軟性、吸収力がある。

2、周りの人も許してくれる、手伝ってくれる。
3、苦労から得た経験／知見を使える期間が長い。

などが挙げられます。

しかし、もう一つすごく大切なのが、新人のときに失敗経験を十分積んでおくと、柔軟性や吸収力が年をとってからも保たれるということです。

失敗というストレッチを若い頃から続けていると、年をとっても柔らかさ、しなやかさを失わないのです。

柔軟性があれば、ぽっきり折れてしまうということもありませんし、何より成長しやすいというメリットがあります。ということは、年をとっても失敗&成長できるということになり、新人の頃に失敗しなかった人に比べると大きなアドバンテージになります。

それに、新人のときの失敗は苦労と完全にイコールではないということです。

失敗にはどうしても苦労がつきまといます。ただ、同じ苦労をしても、受け取り方によって（遠くに大きな目標があるかないかなどで）、つらさ加減は大きく変わってきます。

失敗を成長につなげられると考えることで、苦労を苦労と思わなくなるのです。

それは山登りの途中、急坂に出会ったときと似ているかもしれません。

もちろん、登っている最中、苦しいのは確かですが、「こんなのイヤだから下山しよう」とはなりません。

登山する人のほとんどは、これを超えればもうすぐ頂上だというように考えるのではないでしょうか？

新人であればある程、より遠くに大きな目標を持ちやすいということもあります。

現実や自分の能力の限界がまだ見えていないときこそ、大きな成功を夢見ることができます。そして大きな夢を持つことができれば、**逆に**能力を伸ばせるのです。

これは精神論ではありません。

自分の意識や考え方をコントロールする立派な技術です。

繰り返しますが、技術である以上、適切に学び習得すれば誰でも実践できます。

「でもね、私はもう40半ばなんです。もう若くないんです。目はかすむ、髪は抜ける、腹はたるんで老いる一方なんですよ」

という読者もおられるかもしれません。ご安心ください。僕も今、まさしくそういう状況です。

では、どうすればいいのか？

注意深く読んでくださっている方は気づかれたかもしれません。

ここまで「新人」という言葉と「若い」という2種類の言葉が出てきました。

そうなのです。若くなくても新人になりさえすればいいのです。もちろん若い頃にしか得られないものはありますが、多くは新人でさえあれば大丈夫です。

そして、新人には還暦を過ぎてからでもなれるのです。

自分のよく知らない、新人になれる分野に挑戦すればいいのです。


例えば、僕がある日突然、ゴルフに挑戦しはじめたとします。

ゴルフ経験はまったくないので、当然ボールは真っすぐ飛ばないと思います。

しかし、うまくできないことを笑われることこそあれ、叱責されることはないでしょう。

逆に、何年もやってきた人が真横にボールを飛ばせば、皆、呆れてしまうのではないでしょうか？　進歩のない奴だと。

それに、20年以上やっている人より、スコアだって成長著しいと思います。あるところまでグングン伸ばしていけるでしょう。そうなれば自分も楽しく、周りもアドバイスしてくれます。


これは仕事においても同様です。

趣味と違い、プレッシャーがきつい分、周囲の見方も厳しいものになりがちですが、成長できることに変わりはありません。

成長さえできれば、人から助けてもらえるというマジックが発動するのです。

「この年でこんなこともできないのか」と最初は思われても、どんどん成長していれば、「この人も一生懸命やってるよな、何とかしてやるか」となってきます。

勇気をもって挑戦すれば、何才でも新人になり、成長することは可能だということです。

いい失敗をする仕組み

ここまで、
・失敗にも〝いい失敗〟と〝悪い失敗〟がある。
・〝いい失敗〟をたくさんしよう！　失敗こそ成功の母だ。
・失敗で心折れない、成功で慢心しない。
などお話ししてきましたが、ここから具体的にどういう風に失敗していったらいいのかについて考えていきましょう。

まず〝いい失敗〟をするためには手順を守り、三つのステップをそれぞれきちんと実行していく必要があります。

既に出てきている、成長サイクル、

挑戦→失敗→適応（図４参照）

図4　成長サイクル図

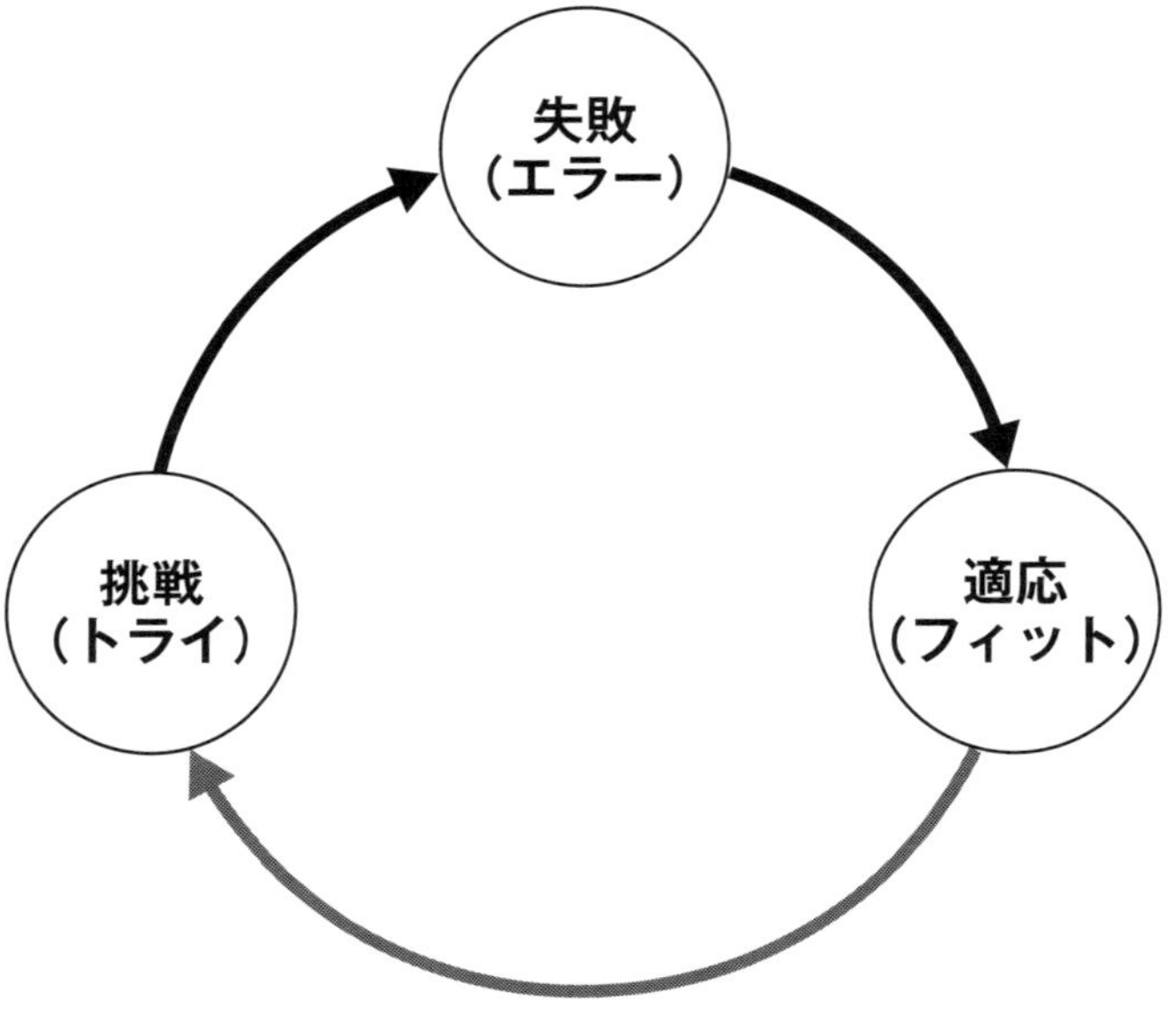

がそれです。

それぞれのステップに注意点があり、

挑戦（トライ）：とりあえずやってみる。数多くやってみる。

失敗（エラー）：同じ過ちは二度としない。致命傷を受けない。

適応（フィット）：間違いを素直に認めて、やり方&自分を変える。


というものです。これをできるだけ素早く、何度も回していくことが成功への秘訣となります。


まず、トライですが、とりあえず挑戦することが重要です。

いい失敗、悪い失敗のところで述べたように、同じことの繰り返しと致命的な失敗だけは気をつけて、後は挑戦すればいいだけです。

さあやってください。今すぐやってください。できる限りやってください。できるまでやってください。できましたか？　できないですよね。

簡単なのに、なかなかできない。

この**逆説**を解き明かす必要があります。

すぐに実行に移せるようならこの本を読む必要はないですものね。

これは技術です。ですからその仕組みをまず理解しましょう。

「いい失敗」の3ステップ①～挑戦

3ステップの最初は、挑戦（トライ）です。

挑戦がないと何もはじまりません。失敗も適応もできません。

周りから強制されての挑戦もあるかもしれませんが、人よりたくさんいい失敗をしようとするなら、自らどんどん挑戦していかなければなりません。


良い話からしましょう。

実は挑戦ために、特別な知識や知恵は必要ありません。あると邪魔になるくらいです。

強いていえば勇気は必要ですが、それとて大したものは求められません。

以前、研究者として華々しい成果を上げていた方がおられました。Ａさんとしましょう。研究者にありがちなコミュニケーション下手ということもなく、弁舌さわやか、見た目もさわやか、会議等でも営業の人をやり込めたりして、早くから将来の経営幹部として期待されていました。

本業の研究開発においても、ダントツの実績を残しておられました。国内ですがＭＢＡスクールにも通っておられました。優秀な成績だったそうです。

そんな彼が、会社肝いりの新規事業立ち上げチームのリーダーに任ぜられました。

周囲も彼ならうまく成し遂げるはずと確信していました。

彼自身もそう思っていたはずです。

経営陣への進捗報告会議においてもプレゼンは流暢で、当初は皆、納得顔でウンウンうなずいていたのですが、３カ月たった頃から様子がおかしくなってきました。

彼の説明と実際の事業の進捗が明らかにズレているのです。

ズレているというより、ほとんど進んでいないのです。

戦略が机上の空論だったわけではありません。きちんと実行プランも練られており、十分実現可能な計画に思われました。

にもかかわらず、半年たっても何も進んでいないのです。

本人に何度確認しても「問題ありません。大丈夫です」という答えしか返ってこないため、チームメンバーも「なぜやらないのかわからないが。とにかくやろうとしない」と首を傾《かし》げ、チームにも不満がたまりつつありました。

そんなタイミングで、僕はプロジェクトにかかわることになりました。

事業計画を見せてもらったのですが、さすがエースが陣頭指揮しただけあって、素晴らしい出来栄えでした。

新規性も戦略性も実現可能性も申し分なく、必要な項目は漏れなく検討されています。

当初はどこに問題があるのかわからず、メンバーへのヒアリングが一通り終わってしまうとやることもなく、ぼんやり部屋の隅に座っていたのですが、ある日、あることに気づきました。

Aさんが、部屋の電話が鳴るたび、ビクッとしているのです。そんなに大きなリアクションをとるわけでもなく、唾を飲んだり、肩が揺れる程度なので、メンバーは誰も気づいていません。

しかし、ネットサーフィンにも飽き、Ａさんをずっと観察していた僕にはわかりました。

ある日、食事に誘ってそれとなく話を聞いてみました。

「Ａさんて怖がりなんですか？　電話が鳴るたびにビクビクしてますよね。借金の取り立てでもあるんですか？」

冗談ぽくいったつもりだったのですが、Ａさんの顔はみるみる青ざめます。てっきり、ほんとに借金があるのかな？　悪いことといったなと後悔したのですが、よくよく聞いてみるとまったく違いました。

Ａさんはこのプロジェクト開始時に、重要なパートナー・顧客候補との折衝を自らが主体でやると皆に宣言したらしいのです。

率先垂範、自分が先頭に立って、皆を引っ張っていこうとしたわけです。リーダーにふさわしい姿勢です。

早速、パートナー候補にヒアリング＆提携の打診をしようと、リストの先頭にあった、最優先企業にはりきって電話をしたのですが、相手は、

「いや、御社の名前を聞いたことはありますが、うちと仕事上かかわりないですよね。そんな話に興味ないし、会って話をする義理もありませんね」

というようなことを、ドスのきいた関西弁でまくしたてたらしいのです。

Aさんにとっては、大ショックでした。今までそんな無礼な対応をされたことはありません。何しろ日本有数の大企業に所属するエース研究者です。今までなら、向こうから喜んで話を聞きたがってくれたのですから。しかも関西弁です。東京育ちのAさんからすると、どうしてもきついいい方に聞こえてしまったようです。

その後、Aさんは電話をかけることができなくなってしまいました。電話自体が怖くなってしまったというのです。自分でも信じられず、恥ずかしくて誰にも相談できなかったのだと。そして、自分だけ仕事が進まないと周りにバレてしまうから、プロジェクト全体も進めなかったというのです。

まさか、会社もメンバーもそんなことが理由でプロジェクトが止まっているとは夢にも思いませんから、見当違いの原因ばかり探っていて、埒があかなかったのです。

その話を受け、僕が再び先方へ電話をかけてみることにしました。「はじめに」でも書きましたが、電話を切ったり切られたりすることには自信があります。切られたらキレるだけです。

かけてみると、またまた同じ方が出てこられました。確かにつっけんどんで、最初は「またおまえらか。しつこいな。ええかげんにせえよ」という感じではあったものの、僕自身、関西出身であるという利点を活かして、粘り強く話していると、根負けしたらしく、とりあえず会ってくれることになりました。

実際にお会いすると悪い人ではまったくなく、逆に実行力のある方で、話はとんとん拍子に進み、実際に提携することになったのです。

研究開発のエースは拒絶されたり、失敗することに慣れていなかったので、たった一度の失敗で心が折れてしまったのです。

ここにはいくつかの教訓があります。

- **新しい試みにおいて失敗は当たり前、失敗してからがスタートと心得る。**
- **失敗を隠さず、オープンにする。助けてくれる人を探す。**

・チームで仕事をする。誰かにやってもらう。自分より得意な人に頼る。
・目的と手段を取り違えない。

中でも、挑戦するために重要なのは、

❶失敗をオープンにし、名前をつけて、見える形にする。失敗＝挑戦の証となるようにする。
❷チームで挑戦し、チームで失敗する。不得意なところはメンバーに頼る、助けてもらう。失敗の経験を共有する。

の二つです。

失敗をオープンにし、それをチーム皆が学ぶことによって、失敗は誰でもするんだという安心感が生まれるのと同時に、悪い失敗をせず、いい失敗ができるようにお互いアドバイスできるようにもなります。

人の失敗を知ることにより、もっと挑戦してもいいのだとか、逆にこれは危ないなと知ることもできます。そうなれば、失敗を恐れなくなると同時に、他人の経験も学習でき、失敗の質量ともに高まっていくようになります。

チームを作る

というわけで、新規事業など新しいことをはじめるためにチームを結成するときには、「失敗を互いにオープンにできるか？」という基準でメンバーを選んでください。

失敗をオープンにできるということは、信頼しているか、侮っているかなのですが、どちらでもかまいません。

それに加え、チームメンバーを選ぶときには、自分とタイプの違う人を選んでいただきたいのです。

口もききたくない、大嫌いな人を入れろという意味ではありません。そんな人に自分の失敗を話したくなんてないでしょう。

「僕は血液型AだからBかOを探さなくちゃ！」ということでもありません。タイプというのは、血液型や出身地や星座で決めるものでもありません。

では、どうやってタイプを決めるのか？　それはまず、

〝詐欺師か？〟or〝オタクか？〟

の二つに分けてみるのです。

どちらにも入りたくない？　そうですね、あまり表現が良くないかもしれません。「鳥の目を持っているか？　虫の目を持っているか？」という表現でもOKです。

それぞれの属性を並べてみます（図5参照）。

何となくイメージできてきましたか？

ほとんどの人は両方の属性が混じりあって成立しているとは思いますが、どちらの要素がより強いのか、自分をまず判別してみてください。

次に、一緒にやりたい人、失敗も話せそうな人を思い浮かべて、どちらのタイプか判別し、自分と違うタイプの人をチームに誘ってください。

簡単でしょ？　ざっくりでいいのです。直感で選んでみてください。誰かに相談してみ

図５　詐欺師とオタク

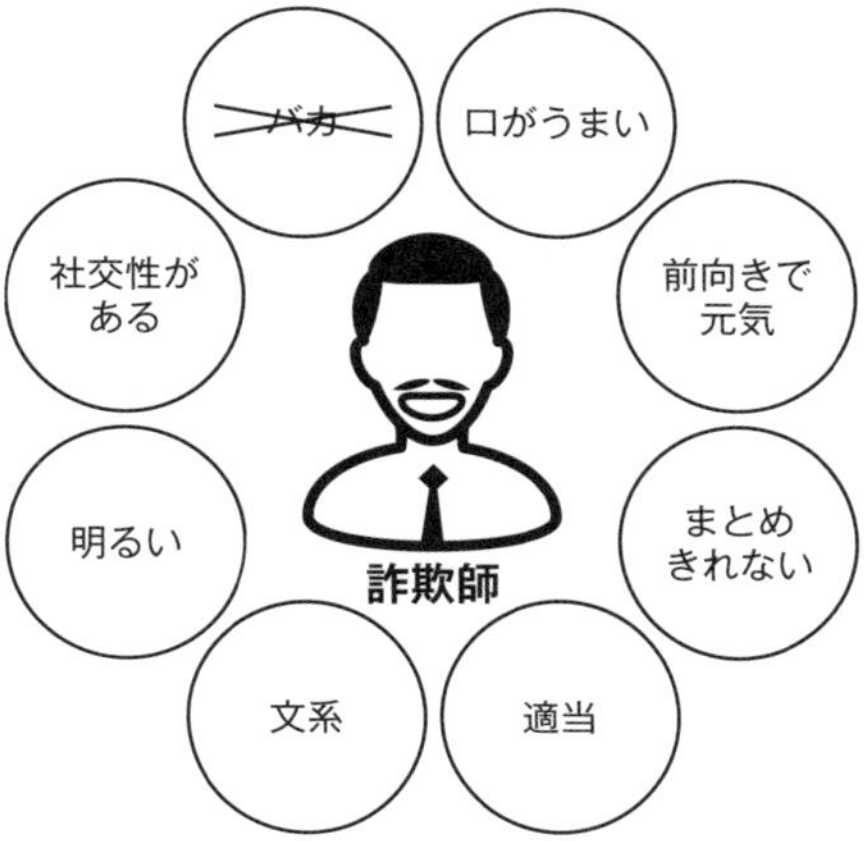
~~バカ~~
口がうまい
社交性がある
前向きで元気
明るい
まとめきれない
詐欺師
文系
適当

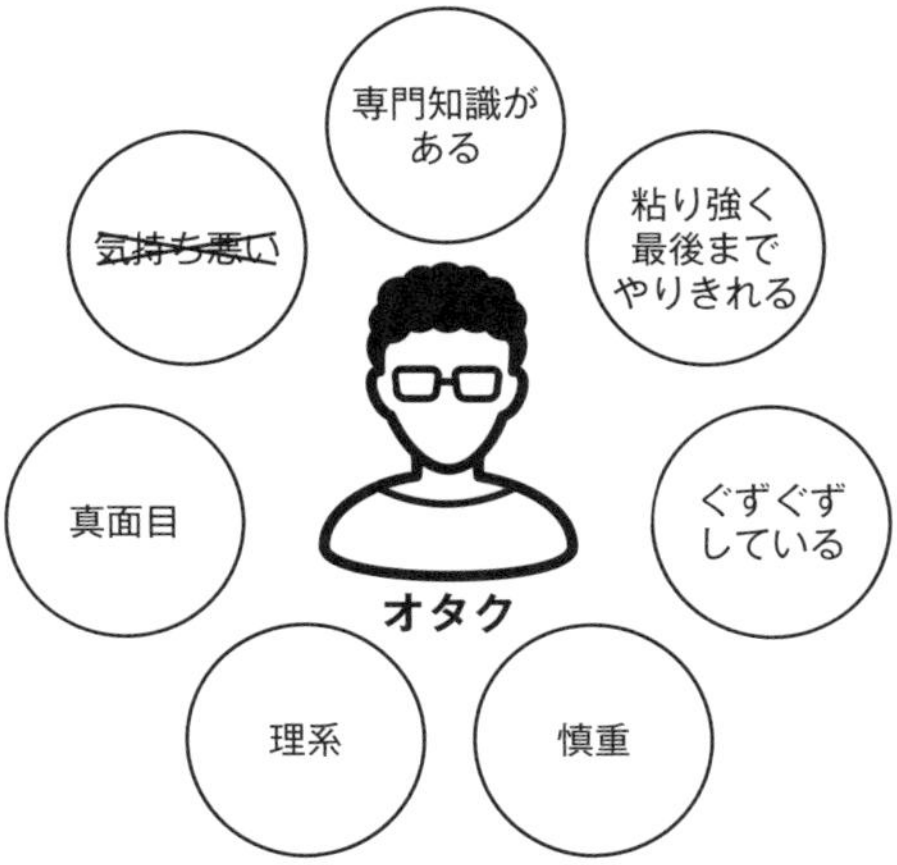
専門知識がある
~~気持ち悪い~~
粘り強く最後までやりきれる
真面目
ぐずぐずしている
オタク
理系
慎重

てもいいかもしれません。

本人には直接伝えないほうがいいでしょう。詐欺師、オタク呼ばわりされて喜ぶ人はあまりいないですからね。

たとえ間違えても心配はいりません。後で変更するか、それが難しいのであれば、違うタイプを追加してバランスをとればいいだけですから。

メンバーのなかに、自分と反対のタイプが入っていればいいのです。なるべく、半分半分になるのが望ましいですが。

このタイプ分けにも根拠はあります。

事業は大きく分けると三つの要素で成り立っています。**「モノ売り」「モノづくり」**、それに**「二つの機能を調整し、補助する管理機能」**です。

乱暴にいえば、詐欺師はモノ売りに、オタクはモノづくりに向いています。文系と理系といってもいいかもしれません。

管理機能には両方の要素が求められます。しかし、両方の要素をバランスよく持っている人はほとんどいません。

ですから管理は、奇跡的に両方の特徴を持ち合わせている人に頼るか、全員で補い合ってやっていくしかありません。

この二つの要素をチームに取り込むことによって、事業に必要な機能を過不足なくそろえようとしているのです。

意識しないで、仲のいい人、能力が高そうな人、自分の命令に従いそうな人という風に集めてしまうと、必要な機能がバランスよくそろわない可能性があります。

また、似た者同士でいると確かに心地いいのですが、新しい刺激や摩擦が生まれません。失敗してもお互いかばい合い、失敗から新たな成長を引き出す力が弱まってしまいます。

チームメンバー全員が似たような失敗ばかりしてしまっても補い合えません。

かといって、違いすぎてコミュニケーションがとれないのも問題ですので、タイプは違うけれど気心知れた人から選ぶのがベストだと思います。

ご存知のジャニーズ事務所には、たくさんのグループが存在しています。

男性アイドル専門の事務所なので、選抜の条件はイケメンであるとかスタイルがいいとか踊りや歌がうまい、といったことだと思われるのではないでしょうか?

もちろんそれらの条件について、クリアすべき最低ラインというのはあります。

しかし、よく見てください。誰とはいいませんが、「あれ? この人がアイドル? クラスにもっとかっこいい人いたよね?」という方が混じっていたりしませんか?

これは選抜の条件が「カッコイイ」だけではないということです。メンバー間の相性や多様性を持たせることを意図して選んでいるのだと思います。組み合わせを考えているということです。

あのメンバー選びの妙、カッコイイだけで選ばない多様性を持った選抜こそが、ジャニーズのすごさであり、強さだと思います。

ですから、誰か一人の名が売れればグループ全体が有名になり、グループが売れると各メンバーも知られるようになるという正のサイクルに入っていくことができるのです。

詐欺師‐オタク選抜法だけだと、まだ候補者が多すぎる場合は、目的に合わせていろいろな条件を付け加えればいいと思います。

例えば、新規事業に取り組むチームを作るなら、営業と研究、法務と財務などの各部署から必ず一人は選ぶといったことです。

もちろん、知り合いが一人しかいなければ、その人しか選択肢はないように思えますが、今の時代どこにいても連絡することは容易です。

チームを作ることを口実に、今まで知らなかった新しい人と出会うきっかけにするというのも面白いのではないでしょうか。

「いい失敗」の3ステップ②～失敗

さあ、挑戦する準備はできました。次のステップは失敗することです。最重要といってもいい、この本のメインテーマとなる工程です。

ここでのポイントは、**必ず失敗するということです。**挑戦した後には、必ず失敗が来なければならないのです。

必ず失敗するとなると、これはこれでまたかなり難しいことです。しかも、できるのにワザと失敗するというのではダメなのです。

ストレッチして、ぎりぎりできなかったという失敗が望ましいのです。「成長につながる失敗」でないといけません。

これは、意図してやらなければうまくいきません。ここが難しいのです。そのためにはまず、適度にストレッチされた目標を立てる必要があります。

目標や仕事をラクラク達成し、簡単に成功してしまうと成長につながりにくくなります。成長しないとなれば、成功確率は下がってしまいます。当然、成功は遠のきます。ですから、成長することに照準を絞って、とにかく〝いい失敗〟をしなければなりません。

いい失敗をするための条件とは、致命的にならないことともう一つ、うまくストレッチし摩擦を引き起こすというものでした。このために必要なのが、同じ失敗を繰り返さないようにすることです。

その方法は、新しいことに挑戦するということです。また失敗をオープンにして第三者に指摘してもらうということも大切です。

まとめると、

- **失敗を成長につなげる意識で見つめ直し、新たなやり方をする。**
- **新しいことに挑戦する。日々少しでも新しい要素を加えながら挑戦する。**
- **失敗をオープンにし、第三者に指摘してもらう。**

ということになります。

どれも簡単ですが、三つを毎回毎回、漏れなく実践するのは、相当難しいことです。簡単に見えて難しいという**逆説**を意識し、ぬかりなく進めてみてください。

しかし、慣れれば必ずできるようになります。ストレッチと摩擦の仕組化については第4章以下で詳しく述べます。

「いい失敗」の3ステップ③〜適応

適応（フィット）する。三つのステップ、最終段階です。

適応は締めくくりになります。とても重要です。

結局、すべてのステップが重要だという結論になってしまいましたが……。

終わり良ければすべて良しといいます。適応に至るまでの挑戦と失敗を、成長につながる価値あるものにするのか、無謀な挑戦／くだらない失敗にしてしまうかの分かれ道がここにあります。

では「何に適応すればいいのか？」といえば、**失敗に適応するのです。失敗を素直に認め、自分自身とやり方を失敗に合せて変えていこうというのが適応するということです。**

人は失敗に適応し自分が変わるのではなく、失敗した事実を認めず、今の自分のままでいようとしがちです。

言葉を換えると、自分以外に失敗の責任を負わせてしまうのです。しかし、それだと成長できません。

そのためにも失敗をただ受け入れるだけではダメです。

受け入れた上で、自分自身や今後のやり方に変化を生み出さないといけないのです。

自分が変化しないといけません。

変化は、面倒や苦痛を招きます。意識しないでいると、人は自然に変化を避けようとしてしまいます。

しかし、変化がなければ成長できないのです。

成長は、言い換えれば上向きの変化です。ただ、変化には下向きのものも存在するので、注意が必要です。

下向きの変化というのは、失敗したことによって「どうせ自分には何にもできない」とか「なぜ自分だけこんなひどい目にあわないといけないのか？」と考えてしまい、以前より挑戦しなくなってしまうような変化のことをいいます。

このような変化は避け、上向きの変化をしていきましょう。

適応する段階で、もう一つ考えないといけないのは、「失敗を次なる挑戦にどう結び付けるか？」ということです。

この三つのステップは、つながっています（P90図４参照）。つまり、適応（フィット）の後には、もう一度挑戦（トライ）がやってくるのです。

そこで考えないといけないのは、「挑戦する対象を変えるのか？」「同じ問題に取り組むのか？」です。

あきらめるのか、同じものに挑戦するのか、選択しなければなりません。

他にも解くべき問題、課題があり、自身のやる気がすっかりなくなっているのなら、別の課題に取り組んでもかまいませんし、もう一度やってみたいなら、やり方を変えて再度挑戦するというのもいいでしょう。

このあたりの判断は難しいと思われがちですが、長い目でみれば、結果に差はありません。

挑戦を繰り返し、いい失敗ができていればいいのです。それよりも悩んで挑戦しなくなることのほうが問題です。

そういう意味において適応の工程で最重要なのは、**失敗を必ず次の挑戦につなげていく**ということになります。

人は必ず失敗するように遺伝子レベルで決められています。

遺伝子自体がエラーを起こすことによって突然変異し、環境変化に対応できる種が新たに生まれ、生き延びてきた生物が、今ここにいる私たちなのです。

決して自ら意図し、自分の意思で環境に適応してきたわけではありません。突然変異が環境変化にたまたま合致し、新しい環境に対応できるようになったものだけが生き延びて今に至るのです。

そう考えると、意図して環境に適応しようとするのは、なかなかおごり高ぶった行為なのかもしれません。

自らの意思と認知能力をもって環境に働きかけ、変化させて問題に対応するのは人間という種族独特の力ともいえます。

しかし、人間の認知能力には限界があります。**あえて失敗し、そこから得たもので自分を再構築するというのは、この認知能力の限界を超えようとする試みでもあるのです。**

失敗は自分の認知能力を超えているからこそ起こるものです。想定の範囲内というのは認知能力の中にあるので、目の前の成功には近づきますが、成長からは遠ざかります。既にある自分の能力を超えることができないからです。それでは大きな成功から遠ざかることになります。

ちょっと抽象的な話になってしまいましたが、失敗するというのは自分の枠を壊して、意図的に突然変異を起こそうとする作業に他なりません。しかも、なるべく変異の方向を上向きに、つまり成長に結びつけようとする行為なのです。

何だか難しい話になってしまいました。

要は、挑戦（トライ）‐失敗（エラー）‐適応（フィット）という三つのステップを繰り返せばいいだけです。

そうすれば成長します。このサイクルを人より多く回すことができれば、周りの人よりも、素早く、大きく成長できるのです。

あなた以外の人は誰でも、本能的に失敗を嫌う性質があります。ここは**逆張り**でいきましょう。

あくまで意識的にこの三つのステップを実行することができれば、周りの人と違う存在になれます。

どのステップにおいても多少の苦しみを伴うことは否定できませんが、山頂の素晴らしい景色を見たいなら、苦痛を成長している過程と捉えて、楽しみながら進みましょう。

そのためにはしつこいようですが、意識的に挑戦し、意識的に失敗し、意識的に変化することが必要です。

第3章

成長するということ

Reverse Thinking

自分以外のものを成長させると、自分も成長する

ここまで「失敗しよう。〝いい失敗〟をしよう」といい続けてきました。
なぜ失敗するのかといえば、成長したいからです。
ここからは、「なぜ成長するのか？　成長がもたらすもの、成長するために必要なこと」について考えていきたいと思います。

起業や新規事業、新商品の企画、新たな顧客の開拓、どれをとっても、成長が必要です。新しいモノが作り出され、皆に必要とされ、数を増やし規模を拡大するということは、成長することに他ならないからです。

ここでの**逆説的**ポイントは、**対象となる事業やモノを成長させようとするなら、自分自身も成長しないといけない**ということです。あるいは成長したほうが、対象もより成長できるということです。

図６　二つの歯車

理想的な成長

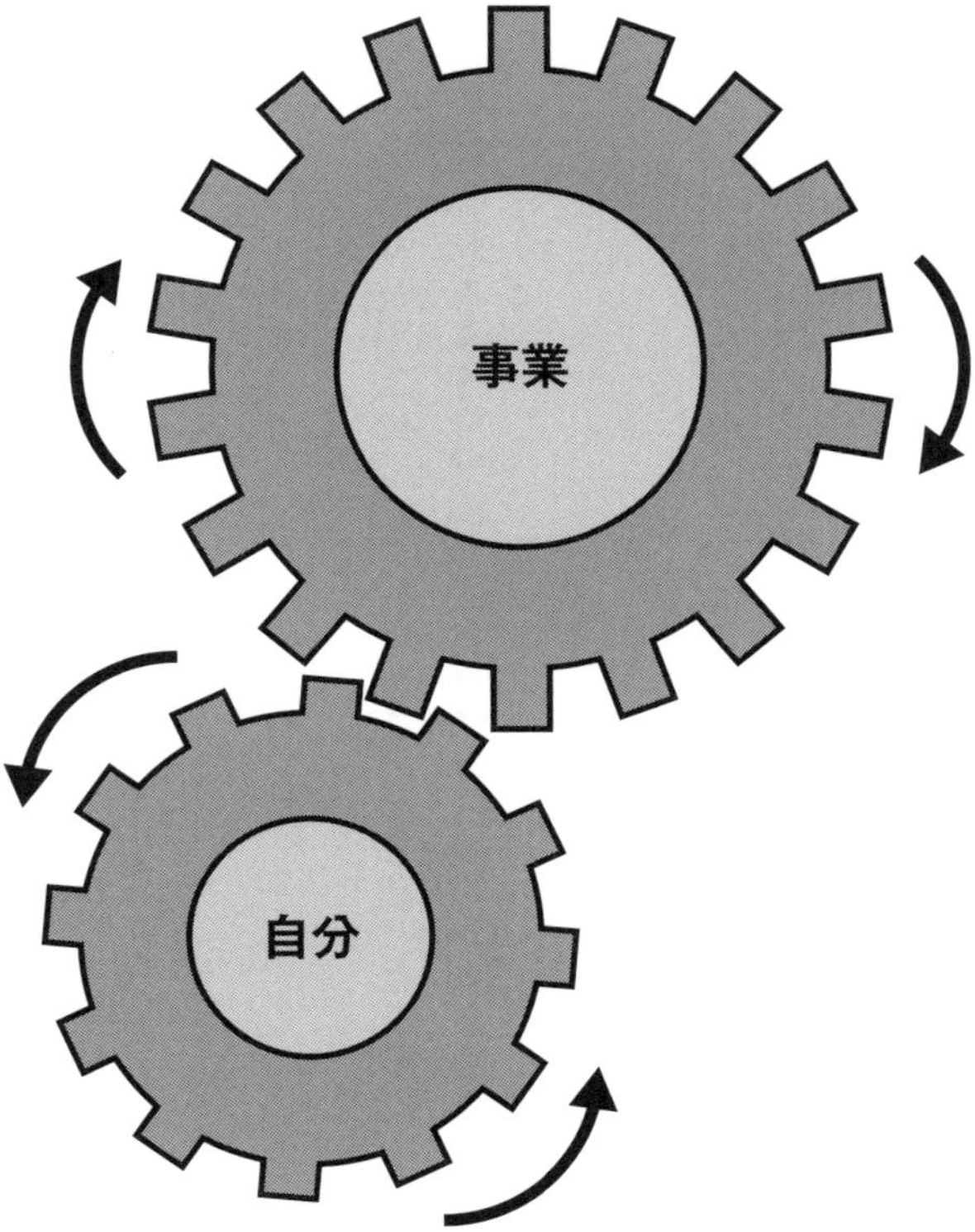

自分が動けば事業も動き出し、事業が動き出せば自分も動き出す。
そのうち互いが互いを動かしながら、どんどんスピードアップしていく。

イメージしてもらいたいのは二つの歯車です（図6参照）。

自分自身と事業それぞれの歯車が噛み合い、自分が動けば、もう一つの歯車である事業も動き出し、事業が動き出せば自分自身も動き出す。そのうちにお互いがお互いをどんどんスピードアップさせていく。

これが理想的な成長のイメージです。

❶自分が携わる事業や仕事だけでなく、自分も成長することを意識する。
❷自分の成長とかかわる事業や仕事の成長が噛み合って双方が成長するようにする。

この2点が、今までに何度か出てきた、摩擦（フリクション）の目指すところです。

これを実現するためには、自分としっかり噛み合う仕事を見つけ出さなければなりません。与えられる仕事だけでなく、自ら仕事を創り出す、あるいは与えられた仕事であっても、自らとしっかり噛み合うように作り変えればいいのです。

ここで勘違いしていただきたくないのは、「自分の好きな仕事だけをしていればいい」というわけでは決してないということです。仕事をより好みしろといっているのではありません。

一見つまらないような雑用でも、工夫次第で成長機会になり、周りに圧倒的な差をつけ、キャリアアップのチャンスにすることにだってできます。

アメリカでは、会社に届いた郵便物を、宛先に配り歩くメールボーイという仕事がありますそこからスタートし、果ては大会社の社長にまで登りつめる成功譚が映画で描かれたりしますが、これは決して映画の中だけの夢物語ではありません。

メールを配るという一見誰にでもできるような仕事でも、工夫できる余地はたくさんあります。

何も考えずに手に取ったものから順に配っていく人と、配る順を整理して効率的に配る人と、受け取り側がどれくらいすぐに受け取りたいか考えて配る人とでは、その評価にとてつもなく大きな差がつきます。

メールを配るだけなら簡単そうですが、そういう工夫をしようと思えば、仕事内容から、その重要性、誰がボスで、今どういう状態なのか、などなど知っておくべきことがたくさんあります。

その上で、誰から配るべきなのかを考え、笑顔と一緒に一言加えれば、自分を印象づけることができます。

仲良くなれば、様々な相談を持ちかけることも可能ですし、何か別の仕事を頼まれるかもしれません。

いわれたことをいわれた通りにやっているだけの人と、自分で考え、工夫する人の差というのは、このようについていきます。

コピーとり、お茶出し、会議の準備、すべて同じです。

誰でもできる仕事ですら、大きな差をつけることができるのです。つまり、すべての仕事は、成長の役に立つということになるのです。

新しい事業をたくさん生み出す、あるいは起業家を多く輩出する企業はどこか？　と尋ねられれば、一頃、圧倒的に名前が挙がったのがリクルートです。その創業者である江副浩正氏はこう述べています。

〝自ら機会を創り出し、機会によって自らを変えよ〟

そうなのです。まさしく、これが僕のいいたいことです。また、偉い人に乗っかってる？　そうですね。でも仕方ありません。

成功するための秘訣は古今東西、だいたい似たようなものなのです。

直接的に自分を変えるのはとても難しいことです。直接的にというのは、自分で自分に「成長しろ！　俺は変わるんだ！」と命令して変わるということを意味しています。

「明日から5時に起きる！」と意気込んで、寝る前に何度も自分にいい聞かせ、目覚ましをセットしても、起きたら8時だったりするのが、僕たちの可愛いらしいところです。

ですから、ワンクッション挟む必要があります。何を挟めばいいかといえば、江副さんもおっしゃる通り、機会であり仕事であり企画であり製品なのです。

先ほど『対象となる事業やモノを成長させようとするなら、自分自身も成長しないといけない』と申し上げましたが、どちらを先に成長させればいいかといえば、まずは取り組んでいる機会や仕事からにしてみてください。

自分以外のものを成長させようとすることで、対象の成長が自分にも乗り移って、自らも成長できるのです。

成長の技術とは？

継続して成長するためにはただ頑張るだけでは足りず、成長するための仕組みを理解し、作り上げる必要があります。一度できてしまえば、自動的に成長を促進してくれるようなシステムがあればいいと思いませんか？

実は、ここまでに何度か出てきているストレッチと摩擦がまさしくそのシステムなのです。

まず、ストレッチ（背伸び）というのは、普段の自分より、少し高いところを目指すことにより、成長を促進しようというものです。

1、自分が今の能力でできる仕事のラインを見極め
2、背伸びしてもギリギリできないという目標を設定し
3、チャレンジし、いい失敗をする

という手順を踏む必要があります。

ストレッチは、一人でも実行可能です。運良く、気の利いた上司にあたれば、あなたの能力が一番伸びるギリギリのラインを見極めて仕事を与えてくれますが、そういう人にはなかなかめぐりあえません。

一方、摩擦を起こすのは一人ではできません。周りを巻き込み、こすれ合わないといけないからです。

もちろん、前述のように仕事とこすれ合うだけでも摩擦は起こせますが、その仕事にかかわる人たちとも摩擦を起こしていけば、摩擦熱の総量は仕事とだけの場合と比べて、何倍にもなります。


摩擦を起こすメカニズムは、先ほどの歯車をイメージしてください（図7参照）。

お互いの歯が噛み合えば、そこに摩擦が起こります。

歯車がスムーズに回りはじめると摩擦は減っていきますが、それでもある程度の摩擦がなければ、歯が外れてしまい噛み合いません。適度な摩擦を維持していくのです。ここで起きた摩擦熱をうまく利用し、お互い成長するのです。

図７　摩擦を起こすメカニズム

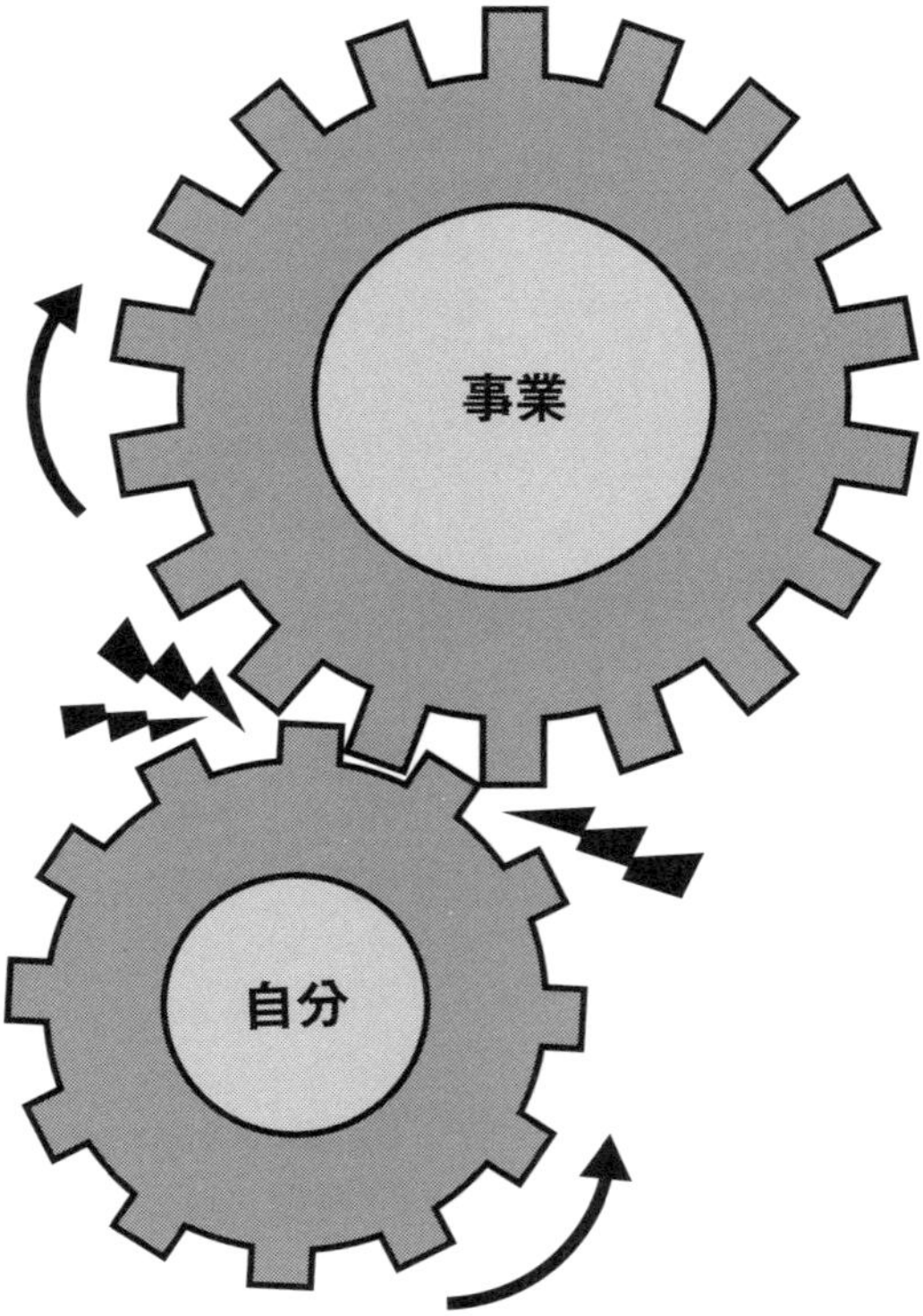

歯車の数が多ければ、様々な摩擦が生まれ、熱量も大きなものになります。ただ、歯車の大きさにもよりますが、無制限に噛み合わせることはできません。数に限りがあります。ですから、うまく噛み合うものを選ばないといけません。これだ！　という人と歯車を噛み合わせてください。

自分と同じようなタイプで同じような回り方をしている人と組めばスムーズに噛み合いますが、摩擦熱は起きにくく、自分の回りが悪くなったときには相手も同様にダメになってしまい、困ったときの手助けは期待できません。

一方、自分と異なるタイプだと、摩擦熱は起きやすく、回り方が違うため、相手がダメなときは自分が助け、自分がうまくいかないときには相手に助けてもらえます。しかし、あまりにも違いすぎると噛み合わせるのも大変で、歯が折れたり、外れたりしてしまいます。

このあたりは、実際に何度か回してみて、試しながら確認するしかありません。そうやって、最適な歯車をできるだけ増やしていくのです。

先に述べた、「詐欺師‐オタク」によるタイプ分けを利用して、うまく違うタイプをバランスよく組み合わせるのも一つの方法です。

「私は会社の歯車なんかじゃない」と一度はいってみたいかもしれませんが、メインの歯車になり、自分から周りと噛み合っていくのは決して悪いことではありません。

喜んで歯車になり、様々な歯車と噛み合っていきましょう。

このように「ストレッチ＝背伸び」と、「フリクション＝摩擦」が最大限起きている状態を保ちながら、挑戦（トライ）・失敗（エラー）・適応（フィット）というサイクルをうまく回していくことが、素早く大きく成長するための仕組みのすべてです（P90図4参照）。

図にするとシンプルですし、慣れればそんなに難しいものではありませんが、仕組みをきちんと構築し、自然に実行できるようになるまでは、ある程度の修練が必要になってきます。ただし、一度きちんと構築&習得すれば、その後は微調整、修正するだけでうまく働いてくれます。

成長途中で挫折しないために

成長するためには、ストレッチと摩擦という二つの技法が必要で、後は挑戦－失敗－適応の３ステップにそって、この二つを実践していけば問題ありません。

しかし、その前にいくつか知っておいたほうがいいことがあります。

まず、**成長は連続的でない**ということです。

連続的ではないという表現はわかりにくいかもしれませんので、次の図を見てみてください。これは連続的成長を表すグラフです。いわゆる右肩上がりというやつです（図８参照）。

しかし、現実には会社も事業も個人もなかなかこういう風に成長できません。事業計画書にある市場成長を表すグラフなどで時々見かけますが、実際その通りになることはほとんどないのです。

それでは現実には、どのように成長していくのか？

図8下側のグラフは階段みたいになっていますね。これがそうなのです。成長というのは、階段状に進んでいくのだということを知っておいてほしいのです。

つまり、伸びを感じられない時期＝平らな部分がしばらく続いているなと思ったら、ある日突然、一段上がっているという風に成長するのです。

なぜこのことを知っておいていただきたいのかといえば、階段の平らな部分が長く続いた場合、

「ああ、自分は一生懸命挑戦し、失敗し、失敗を反省して新しいやり方を取り入れ続けてきたのに、まったく成長しない。もういやだ。こんなの意味ないからやめちゃおう」

という考え方に取りつかれてしまうからです。

それに、一段上がる前には必ず絶壁があり、それをクリアするためには、今までにない飛躍が必要になります。そのことを知らず、今まで通りの努力で壁を越えられないでいると、成長をあきらめてしまうことになります。

ですので、右肩上がりの成長イメージを持っているとよくありません。

成長は階段状で、伸びが停滞する時期と一気に急成長する時期が交互に訪れるのだとい

図８　「右肩上がり」と「階段状」の成長グラフ

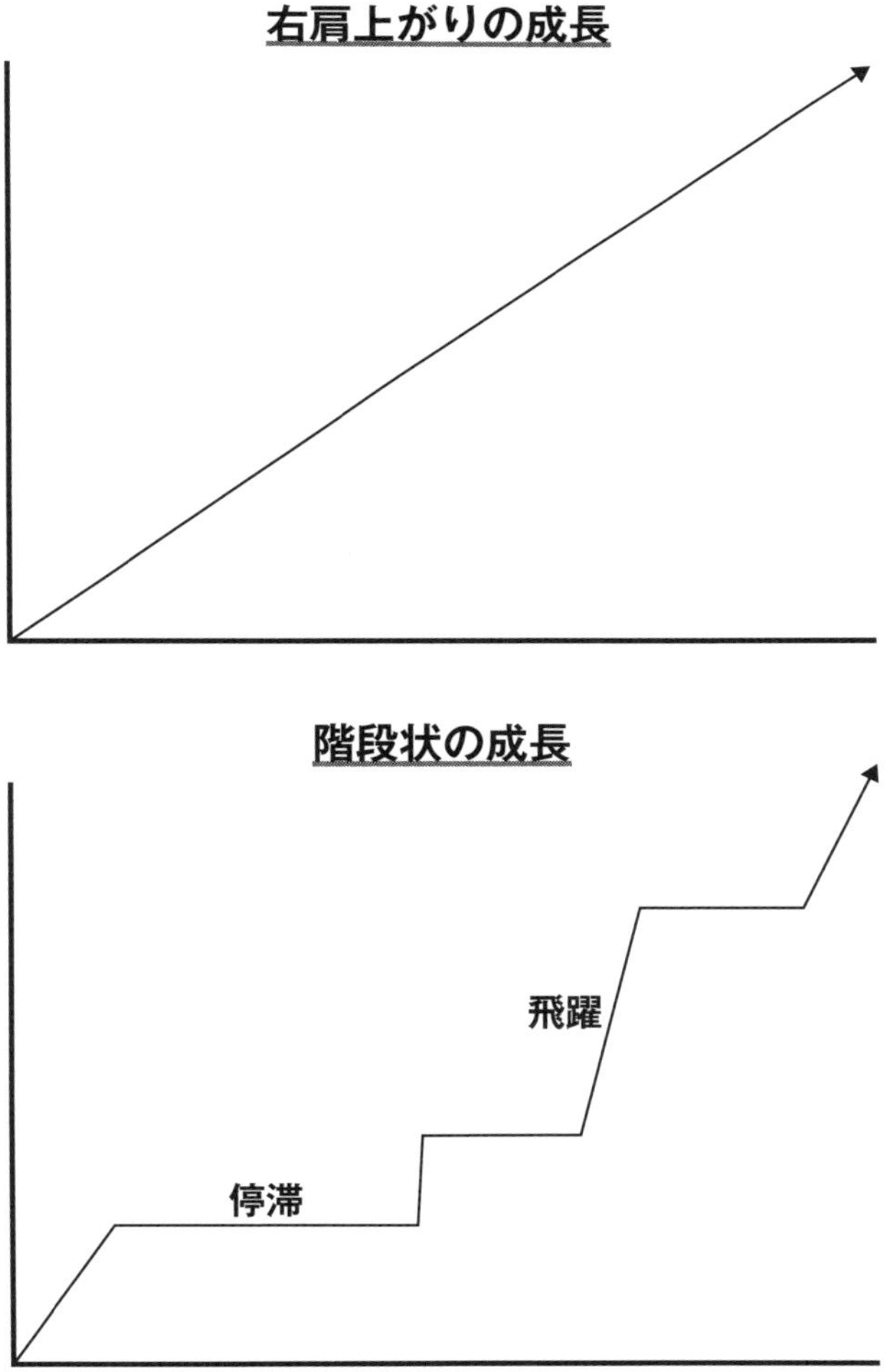

うことを知っておいてください。

「高く飛ぶ前には一度しゃがまないといけない」という格言（?）が存在しているように、ぐっと我慢の時期＝成長を感じられない時期があってこそ、すごい成長が果たせるのです。

問題なのは、「この我慢の時期がどのくらい続いて、どのくらい我慢すればいいのか？　どれくらい跳躍すれば、壁を超えることができるのか？」ということが、誰にもわからないことです。

しかも、一段上がったときでさえ、自分自身ではっきり認識できる場合もあれば、周りから指摘されてやっと「あれ？　そういえば、こんなこと前からできていたっけ？」とぼんやり実感することもあります。

我慢する時期は強く意識されるのにもかかわらず、階段を上がったときに実感がないとなれば、成長の喜びがなかなか体感できず、モヤモヤします。

ですから、この階段状成長にありがちなモヤモヤを解消する必要があるのです。

❶いつ次の段階に上がれるのかわからない？　いつまで我慢すればいいのか？

❷階段を上がったことをどうすれば実感できるのか？

という二つの疑問を解消しないといけません。

まず1の疑問、「いつまで我慢すべきか？」なのですが、「次の段階に進むことができるまで我慢する」が答えになります。

「はあ？　何いってんの？　なめてるの？」といわれそうですが、もう少し話を聞いてからにしてください。

次の段階に進むことができるまで、成長するための苦労は我慢しなければなりませんが、やり方を変えてみることはできます。

〝このやり方ではダメだと、自分と周囲の人たちみんながあきらめたとき〟には、挑戦する対象、やり方を変更しましょう。

もう挑戦したくないと成長自体をあきらめてしまうことだけは、絶対に避けなければなりません。我慢しないのはやり方であって、成長するという目標や努力をあきらめてはいけないのです。ややこしいですが、とても大切なところです。

逆説的にいえば、成長するという目的を達成するために、やり方をあきらめるということです。

大げさにたとえると、飛行機は緊急着陸時に、燃料を捨てる場合があります。燃料なんて飛ぶために一番大切なもののように思えますが、それを捨ててしまう場合もあるのです。

目的のためには、大切な手段であっても放棄する場合があるということです。

成長するという目的だけは決してあきらめないように、手を変え、品を変えすることが必要で、時には問題から逃げ出したり、これまでの手段を捨てても一向にかまいません。

難しいのは、ある手法で一生懸命に取り組むほど、その手法やり方自体が目的化してしまい、その手法から離れられなくなってしまいがちなところです。

手段と目的が一体化してしまい、手段を捨て去るときは、目的も同時に捨ててしまうことになります。

そうなっては元も子もないので、目的は変えず、手段は変えるということで、階段を上っていきましょう。

「どこであきらめ、やり方や目的を変更するのか？」を知るためには、自分以外の誰かに状況を確認してもらうというのもいい方法です。

そのためは前述の「失敗を明らかにする」という行動が必須になります。

もっといえば、挑戦を宣言し、失敗を明らかにして、適応の方法を一緒に考えてもらうというのが最善です。

そして、この行動は疑問２の答えにもなります。

成長を実感するためには、周りの人に見ていてもらって、フィードバックをもらうのがわかりやすい方法です。

見てもらうためには、情報を発信して注意をひく必要があります。

あまり気持ちいいものではありませんが、失敗も含めて周囲にオープンにしましょう。

それには、前記のように、３ステップに巻き込んでしまうというやり方が効率的です。

自分一人でできることもあります。それは日々の成長を「記録する」ことです。

毎日、「自分がどれくらい成長したか？　どういう挑戦をし、どういう失敗をしたか？適応はうまくいったのか？」などを記録しましょう。

自分自身で成長を確認し、評価するのです。

ここでのポイントは、成長したことを実感し、自分を褒めてあげることです。とにかく、挑戦し続ける気力を養うためですから、なるべく良い点を見つけて記録しましょう。

しかし、「そうか！　成長を記録して、失敗を公表すればいいんだな。よし、フェイスブックにアップすればいいじゃん！」と考えられた方は少し待ってください。

成長の記録は、自慢に見えてしまう可能性がありますし、失敗の公表も笑いに変わればいいのですが、やりすぎるとドン引きさせてしまうかもしれません。

成長の記録は非公開、もしくはごく親しい人に限定し、失敗の公表はface to faceで行うというのが原則です。成長の記録は日記という形式で、失敗の公表は同じ目標を共有している仲間たちに直接話すという形式をとるべきです。

残念ながらSNSの出番はあまりありません。失敗に対しても、「いいね！」といい合えるのが理想かもしれませんが、そのためには全員と高いレベルで均等な信頼関係が結ばれていないといけないので、少しハードルが高いのではないでしょうか？

「閉じられたSNS」というと言語矛盾のような気もしますが、そういう閉じられた、ごく限られたメンバーだけのＳＮＳならもちろんＯＫです。
要は日々成長を意識し、確認し、修正するために記録するのです。
そして、成長を楽しめるようにすることが大切です。

ある経営者の方は、毎日、起床直後と寝る前に、20分ほどお経を唱えていたそうです。朝には1日を新たに過ごす誓いを立て、夜には今日の失敗や思い残しを反省し、次の日に持ち越さないようになさっていたそうです。

日記が面倒、あるいは読み返す暇などないという人は、そういう儀式もいいかもしれません。最近では瞑想とかも流行っているみたいですし。

どのような形式でもいいので、毎日、失敗を次に活かし、成長を確認し、失敗するほど挑戦したかを自問する時間を作ってください。

自問などと書いてしまうと、何だか自分を責め立てるようなイメージがありますが、そうではなく、自分が少しでも成長したことを確認し、ほくそ笑むことに重きを置いて、誰が何といおうが自分を褒め、成長を楽しんでください。

とにかく階段状成長を信じながら挑戦することで階段を上がる瞬間は必ずやってきます。

人はそれをブレークスルーと呼んだり、「あきらめたら、そこで試合終了ですよ」という名ゼリフで表現したりします。

挫折せず、挑戦し続けるために、

- **成長は右肩上がりでなく、突然やってくる。**
- **しかし、いつ来るか？　どれくらい挑戦すれば来るのか？　誰にもわからない。**
- **うまくいかないときには、やり方を変える。しかし、成長する目標は変えない。**

ということを念頭において、着実に実行しましょう。

Column

すぐやる、必ずやる、出来るまでやる

これは、日本電産社長の永守さんが唱えられている三大精神です。

日本電産はすごい会社で、日本で一番M&Aをうまくやっている会社の一つではないかと思います。

なぜここで、この言葉をお借りしたのかといえば、成長するための方法が素晴らしくコンパクトにまとまっているからです。


「すぐやる」

すぐやらないと忘れてしまいます。機会を逃してしまい、やる必要がなくなることもあります。時間がなくてもまず手をつける、手を挙げるなど、いわゆる着手するということが大切です。時間がかかりそうでも、まず手をつけてみましょう。そうすれば、どの程度取り組まないといけないのかがわかり、手順を組むことができます。誰もが同じだけ与え

られた時間のなかで、より多くの難しい問題に取り組むことができれば、人よりも素早く成長することができるのです。

「必ずやる」

挑戦しないとはじまらないので、まずやらないといけないのですが、これが簡単そうでなかなかできません。やらない言い訳、忘れてしまうきっかけはたくさんあって、「必ずやる＝挑戦する」ことは簡単ではありません。でも挑戦しないと、当然ながら成長することはできないのです。

「出来るまでやる」

これが一番難しいのですが、絶対にやり切るのだという心構えですべての問題、課題に挑戦すべきだということでしょう。世の中には不可能なこと、つまりできないことは確かに存在します。しかし、皆が簡単にあきらめてしまうほど、不可能なことばかりではありません。要は、自他ともに、あるいは時間が許す限り、全力を尽くし、必ずできると信じて課題に取り組み、もがき抜くことが重要であるということを意味しているのだと思います。

その取り組みの中で成長し、できるようになったり、解けなくてもハードルが下がったり、もう一度挑戦する機会が与えられたり、時間が解決し解く必要がなくなったりするかもしれません。

そういう意味においては、確かに解けない問題はないのかもしれません。

やり切ったと自他共に認めるところまでやることが一番大切です。

競争を楽しむと、成長が加速する

成長を楽しむためには、絶対的に自分を評価すると同時に、他人から相対的に評価される必要があります。

絶対評価というのは「昨日の自分に比べて今日の自分はどれくらい伸びたのか？」ということで、相対評価というのは、「周りに比べて自分はどれくらい伸びているのか？」というものです。

絶対評価は、昨日の自分と比べて成長しているところを見つければいいのです。一方、相対評価は周囲との比較なので、自分だけでは決められず、評価を上げることも容易ではありません。

どうすれば、相対評価を上げることができるのでしょうか？

その一番簡単な方法は、**競争すること**です。

何度か、「〝人よりも〟素早く大きく成長する必要がある」と書いてきました。

そもそもなぜ〝人よりも〟成長しないといけないのか？「自分は世界に一つだけの花であり、それではダメなの？」という疑問をお持ちの方もおられるでしょう。

ナンバーワンか？　オンリーワンか？　政治の場でも、流行歌においても以前から話題にされていますが、少なくとも人よりもお金持ちになりたい、人より高い地位に就きたい、人よりも感謝されたいのであれば、やはり人よりも成長しないといけません。

「ブルーオーシャン（まだ知られていない市場のこと）という考え方があるのでは？」とおっしゃられるかもしれませんが、現実の社会のほとんどは激しい競争が行われているレッドオーシャンであるからこそ、ブルーオーシャンという概念が出てくるのです。

遠くまで、人の行かないところまで、一人ぼっちで探しにいかないといけないのですから、ブルーオーシャン探しは簡単ではありません。

しかも、やっと見つけたブルーオーシャンも、ブルーであり続けてくれる確率は限りなくゼロに近いのです。すぐに誰かがやってきて、血が流れるレッドオーシャンになりがちです。

一生、競争を避けて生きるのは、競争を勝ち残っていくよりも難しいのではないでしょうか。いつかどこかで競争しないといけないのであれば、早くから競争に慣れ、正しい競争の仕方を覚えておくべきです。

現状を肯定したいだけのオンリーワンや、競争からの逃避であるブルーオーシャン探しは意味がありません。

競争のいいところは、成長を加速させるところです。

競い合い争うことで、一人で剣を振っているよりも剣道がうまくなるのです。直接争わない、陸上競技でも同じで、好敵手と一緒に走ったほうが、タイムは良くなります。

しかし、競争なんて怖い、競争なんかしたくない、負け続けたら心が折れてしまうという方もおられると思います。

競争結果を**相対的にだけ**評価すれば、そうなってしまうのも無理はありません。

結果にこだわり過ぎるのも良くないでしょう。競争するには、あくまで競争相手が必要です。競争結果にこだわり過ぎたり、競争自体をなくそうとするなら、誰もいないところに逃げ出すか、競争相手をせん滅するしかありません。

それはあまりにも究極の選択であり、少なくとも有史以来成功した人は一人もいないのです。

ですから、クマに対するのと同様に、競争からも逃げ出そうとせず、向き合い、楽しめるものにするよう努力するほうが建設的です。

スポーツやゲームがすべからく競争であるように、本来競争するというのは楽しいことであり、自己成長のための最高のツール、技術なのです。

逆説のオンパレードになってしまって恐縮ですが、競争を楽しく続けるコツは「たかが競争、されど競争」と捉えることであり、「結果を、相対的にも絶対的にも評価する」ことであり、「結果にこだわりつつ、プロセスを楽しむ」ことでもあるのです。

後は、一生成長し続けるのと同様に、競争し続けると覚悟を決めることです。

そうすれば、目先の一戦一戦にこだわり過ぎることはなく、敗けも次勝つための経験として前向きに捉えることができます。

競争は負け続けてもかまいません。参加することに意義があるのです。ユニクロの柳井CEOの著書に『一勝九敗』というものがあります。日本を代表するような実業家でも、勝率1割なのです。僕たち、私たちはその10分の1、つまり勝率1％でいいのではないでしょうか？

こう考えると、気が楽になりませんか？　百戦してすべて負けるのは、相当難しいことですから。

大切なのは戦い続ける、競技に参加し続けることです。

「たかが競争、されど競争」といいましたが、そのバランスがとれているのかどうか？手っ取り早くわかる方法があります。

それは、ライバルがいるかどうかです。ライバル＝好敵手とは読んで字のごとく、好きな人であり敵でもある人です。もしいいライバルが存在するなら、競争を適度に楽しめているということになります。

素敵なライバルというのは、マンガに必ずといっていいほど出てきます。やはりこれには理由があって、敵のようでいて心の支えでもある人の存在は、日々の生活の刺激になる上に、成長に役立つことを皆が感じているからです。

競争を楽しむことができれば、早く大きく成長でき、成長を楽しめることになります。負けを恐れず、勝ちにおごらず、勝負から逃げずに楽しみましょう。

第4章

ストレッチ！ストレッチ！ストレッチ！

Reverse Thinking

ストレッチするために～逆算して考える

さて、いよいよ成長する上で欠かせない2大技法について、具体的に考察&習得していきましょう。

まずは、ストレッチ（背伸び）からはじめたいと思います。

これは、摩擦（フリクション）よりシンプルです。

一人でできます。

簡単にいえば、能力・精神力に負荷をかけ、いつもより少し背伸びをして、成長をうながそうというものです。

ここで鍵となるのは、**「適切な負荷をかけ続けられるか？」**ということです。

そのためには、届きそうで届かない、しかし少し無理をして背伸びをすれば手が届くゴール・目標を上手に設定しなければなりません。

コツは「**逆算**して考える」ことです。

〝逆算する〟とは、目標・ゴールをまず決めて、それを達成するために何がどれくらい必要かを考えるということです。

ゴールから今を見るのです。

普通はスタートからやるべきことを積み上げ、最終的に目標・ゴールを決めるのかもしれませんが、逆算する場合、まず最初に目標・ゴールを決めます。

簡単なように聞こえると思うのですが、これがなかなか難しいのです。

❶まずゴールを決める。目標を設定する。
❷ゴールに到達するために必要な工程を検討する。
❸それぞれの工程にどれくらい時間と労力がかかるかを見積もり、必要なら工程あるいはゴールを再度調整する。

というステップで行います。

特に難しいのが、1と3です。

どうしても、逆算せずに、必要なすべての工程が積み上がったところをゴールにしたくなります。

しかし、そうしてしまうと、余裕あるゴールを設定していまい、ストレッチされません。さらに、それ以上に間違いがちなのが、3のゴールを再検討するという項目です。

特に日本人はこれをすごく苦手にしています。

一度決めたゴール・目標を見直し、修正するということを嫌います。

逆説的ですが、だからこそ最初にざっくりとゴール・目標を決めるみたいなことができないのでしょう。一度決めてしまうと変更できないと思っていたら、ゴールを決めるにあたって慎重にならざるをえません。

これは合議で決めるという、和をもって貴しとなす日本人の習性が影響しているように思えます。

皆で集まり、それぞれが意見を申し述べ、最後はゴニョゴニョっと、誰が決めたかわからないけれど、とにかく角が立たない意見にまとまります。

誰からも反対意見は出ないですが、結局誰の責任で決めたのかわからないため、誰の権限で見直しができるかもわからないのです。

皆「何かおかしい」と感じながら、誰も強力なリーダーシップを発揮できず、お互いの気持ちは慮りますが、問題があっても解決できないまま、期限だけは帳尻を合わせるということになります。

最近だと、2020年東京オリンピック開催にまつわる、新国立競技場建設問題が記憶に新しいところです。

誰が何の権限に基づいて案を承認し、予算をつけたのか？　誰に聞いても、あやふやです。

しかし、本来そんなことってありえますか？　偉い人たちが集まり、審議プロセスはすべて公開され、議事録も残されているのに、誰に責任があるのかわからないなんて！　にもかかわらず、何人もが責任をとって辞職するなんて訳がわかりません。一体誰が何に対して、どのような責任をとったのか？　まさしく、藪の中です。

しかし、このシステムはかつての日本村社会、つまり何代にもわたって構成員が変わらず、隣近所がずっと同じ顔ぶれという社会においては、効率的に機能していたのです。

誰か一人に責任を負わせず、曖昧にしておくことが、全体を一番安定的に保つことができる方法だったわけです。

責任を負わせてしまうと、責任をとらせないといけない。しかし流動性のない社会において、簡単に追放や幽閉なんてできません。

だったら最初から責任追求できない仕組のほうが社会は安定します。

ただ、悲しいかなフラット化していく社会では通用しません。

やり方を改めるしかないのです。


ゴール・目標の見直しというのは非常に大切な工程ながら、私たちが最も不得意としている工程であるということを意識して、**逆算**しましょう。

到底達成不可能なゴールが設定されてしまったとき、あるいは実行途中で問題が発覚した場合、ゴールの再設定を要求して抗議したり、サボタージュが行われるのが世界的には標準的行動なのですが、日本では仲間内だけで申し合わせて必要なステップを抜いてしまいます（時々、大惨事につながります。最近もマンションが傾いた事件などありました）。あるいは、自分たちの寝食を抜くことによって、何とか期限を死守しようとします。

真面目といえば真面目なのですが、一か八かでは大惨事につながりかねません。

勇気をもってゴールの再設定を行うべきです。

今までの日本社会なら、「仕方ない。彼らも悪気があったわけではない」と片付いていた問題も、責任をとらされるようになりつつあるので、やり方を変えないといけません。

二つの視点から逆算する

逆算してゴール・目標を設定するためには、まず次の二つのことを考えます。

❶いつまでに完了したいのか？　すべきか？　しないといけないのか？
❷何を、どれくらいのことを、どの程度達成したいのか？　すべきか？　できるのか？

この二つは、時間軸と空間軸で考えています。この世界を整理してとらえるモノサシ、時間軸・空間軸は、いろいろな場面で使えるので、覚えておいて損はありません。

「4次元の世界」の話を聞いたことがありますか？

次元とは空間を表す一つの決めごとで、0次元は点、1次元は線、2次元は平面、3次元は立体となります。

次元というものは学校で習うのかどうか忘れてしまいましたが、ネットなどでも「僕の彼女は2次元」というように使われているので、知っている方も多いかもしれません。

4次元は時間を表します。

つまり、空間軸というのは3次元までで、時間軸というのは4次元のことです。それで私たちのいるこの世界をすべて余すことなく捉えようというのです。

なぜ突然4次元に時間が入り込んでくるのか、文系の僕には理解不能ですが、あまりここでは深く考えないようにしましょう。

1のように時間軸にそって考える場合、まず期限を決めないといけません。

そのために、

- **期限があるのかないのか?**
- **期限は誰が決めるのか?**

を確認します。いつまでにゴールするのか? 期限はどうすれば変更できるのか? を確かめておくためです。

2は、何を達成したいのか？ についての全体像を捉えるということです。ここで留意すべきは、全体像をなるべくモレなくダブリなく捉えるということです。

モレがあれば、ゴールにたどり着いたにもかかわらず、完了していないと後になって発覚するなんてことにもなりかねないですし、ダブリがあると目標がごちゃごちゃでわかりにくくブレてしまう可能性があります。

「モレなくダブリなくという言葉の意味はわかるけど、実際どうやればモレなくダブリなくできるのかなんて、見当もつかない！」

という方も、ご安心ください。

すでに賢人かつ先人である諸先輩方が、いろいろな目的に合わせ、多種多様なフレームワークを作ってくださっています。

フレームワークとは、特定の問題に対して、モレなくダブリなく考えるための枠組みのことをいいます。

汎用性が高く、よく知られたものに、例えば5W1Hというものがあります。

Wの一つひとつを、具体的に思い出せますか？

図9　事業立ち上げの3ステップ

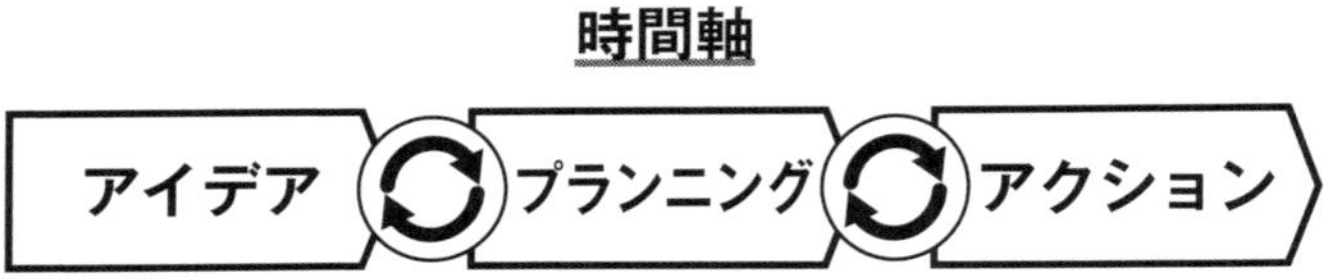

図10　3C

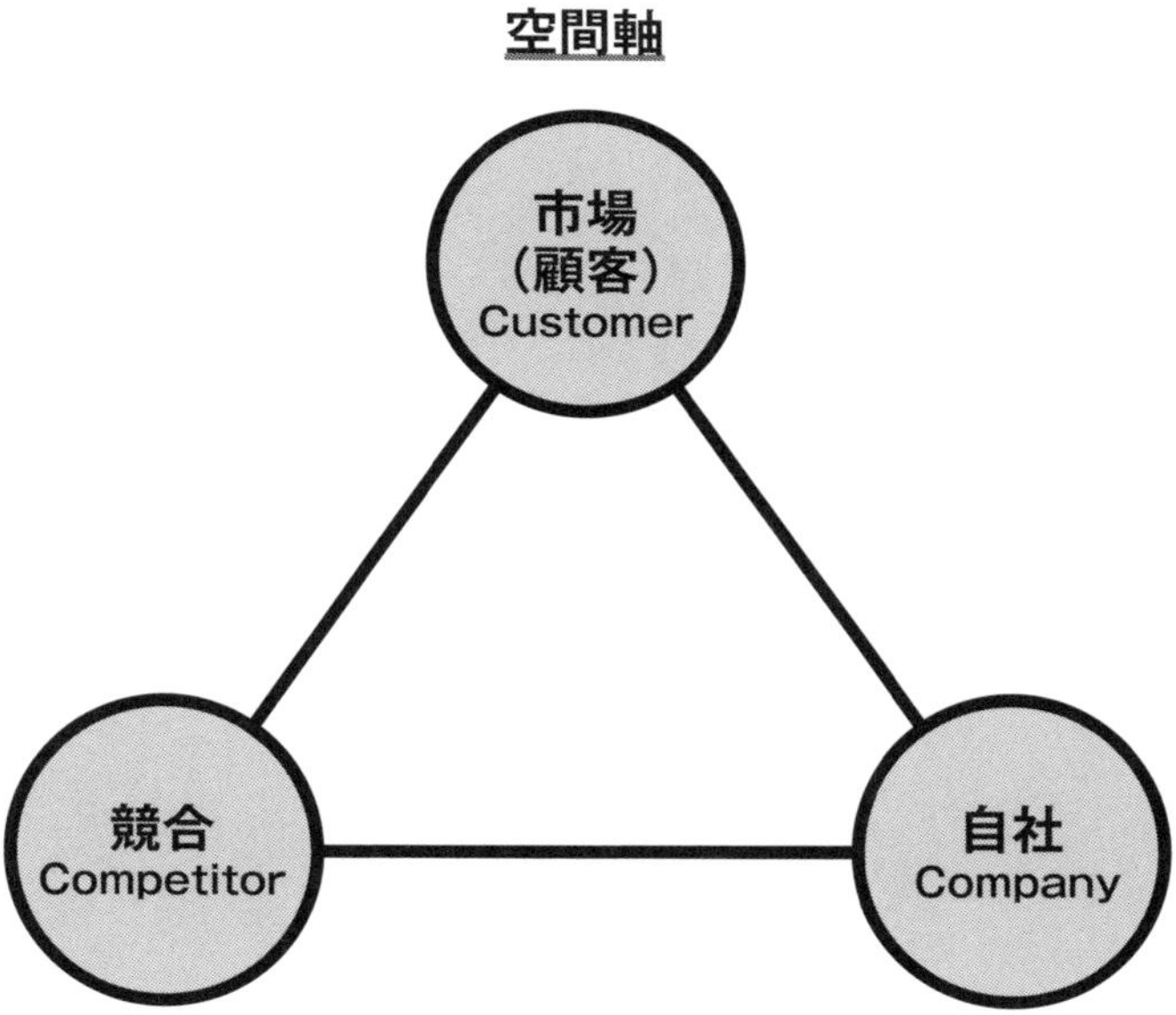

When,Where,Who,What,How・・・ それにWhyを加えれば完成です。Whyは忘れられがちです。日本語だと、いつ、どこで、誰が、何を、なぜ、どのように、です。

他には、3C、4P、5Fといったものもよく知られています。会社の研修やMBAスクールで習ったことがあるようなないような、という方もおられるかもしれません。

これらのフレームワークで全体像をざっくりとつかみ、それから自分なりにカスタマイズしていくのが王道の進め方です。

新規事業を例に挙げ、時間軸と空間軸を使って考えてみましょう（図9・10参照）。

この二つを組み合わせ、構造化、精緻化していけば事業計画書になります。

ここではまず、シンプルに、「1、いつまでに」「2、何をやるのか?」を決めて、逆算できるようにしましょう。

適切なストレッチ目標を設定するには？

急成長するためには、単に目標を定めただけでは足りず、ストレッチできる目標にしなければいけません。

では、どれぐらいストレッチすれば適切な目標たりうるのか？

すぐに手が届いてしまってもダメ、かといって伸ばしすぎて怪我をしたり、絶対手が届かないような、手を伸ばすことをあきらめてしまうようなものでもダメです。

このあたり、適切な塩梅《あんばい》をどう見極めるかは難しい問題です。

実際の背伸びなら、適切な高さを設定するのはそう難しくありませんが、目に見えない目標のストレッチ加減を決めるのは、そう簡単ではありません。

その上、「仕事の成果＝考え方×熱意×能力」（ｂｙ稲盛和夫　京セラ、ＫＤＤＩ創業者　元ＪＡＬ会長）という具合に、仕事ができるかできないかは、能力だけで測りきれないという問題もあります。

能力だけストレッチしてもダメで、やる気や姿勢もストレッチされる必要があります。

さらにいえば、成長するにつれ、それに合わせ適切にストレッチできるように、適宜目標を変えていかなければなりません。

ですから、なかなか「これが決定版だ！」という方法はないのですが、まずは、

「やりたいことwant、やるべきことshould、できることcan」

の三つの観点から考えてみましょう。

より正確には「やりたいこと↓やるべきこと↓できること」という順番で考えながら、目標を設定するのです。

1、自分の理想である、もしかしたら実現不可能なほどの高みをまず想像し

2、周囲から自分が期待されていることも加味して

3、最後にホントにできるのか？　少し無理すればこれくらいはいけるかも？

という風に調整していくというものです。

別の方法でも考えてみましょう。

身体のストレッチ、いわゆるストレッチ運動では、どれくらい伸ばせばよいのかについ

て、「痛くない程度」「痛気持ちいいぐらい」などと表現されています。

筋トレにおいても「全力で7回できるくらいを3セット」という具合に「自分なりに」というのが基準になっています。

これは本人の感覚でしかなく客観的ではないように思えますが、まったく同じ体の人というのはいないので、客観的数値で規定してしまうより、主観を手掛かりに決めるのが、結局一番いいようです。

どれだけ成長しているのか？　その時点でのコンディションはどうか？

日々刻々と変わっていく状況のなかで、あまり時間や労力をかけずに適切な目標を探せるのがこの方法です。

ですから、

1、いつもより少しだけでも背伸びしてみる。
2、それでうまくいったら、もう少し背伸びしてみる。
3、疲れ果てたり、怪我してしまったら、少し背伸びを控え、違うやり方を試してみる。

という風に探り探り、トライ&エラーで進めていくのがよろしいかと思います。

これはジャングルで未知の食べ物を探していく方法にも似ています。まず腕に、次に舌にのせ、最後には少しずつ口にしながらアレルギーや腹痛が起こらないかなど様子をみつつ、少しずつ試しながら判定するという方法です。

それでも「主観では不安だ、ストレッチされているかもわからない、目安となる数字が欲しい」というのであれば〝+20%〟を目安にしてみてください。

例えば、いつも60分かかる仕事を50分で終わらせたとすれば、スピードは20%アップしています。

といっても、効率的になった分、楽してしまっては意味がありません。

昨日より「1時間半も早く仕事が終わった！　早く帰ろう！」ではなく「+20%何か別の仕事できるな！」と考えてください。負荷をかけるのが目的ですから、余った時間は再投資しなければいけません。

悲しいお知らせですが、成長はラクしながらでは達成できません。負荷がかかっている状態を保持したいので、成長して楽になればその分、負荷を増やさなければいけません。

つまり、成長すればするほど、大変さは増していくという**逆説**があります。

そもそも、効率をアップさせるためには、まずは量をこなさなければなりません。しかも新しいことに挑めば挑むほど、効率は悪くなってしまうので、成長するためにはどうしても時間がかかってしまいます。

「量のない質はない」と写真家の森山大道氏もおっしゃっています。

ただし、毎日長時間、長期的に働いてしまって心身に変調をきたしてしまっては、ダメです。

短期的にも長期的にも、自分の最適値はどれくらいなのか？　甘やかすことなく、追い込み過ぎることなく、バランスをとって自分自身をマネジメントすることを心掛けましょう。

そのためにはやはり、数値で画一的に決めてしまうのではなく、自分自身に問いかけながら、確認しつつ進めるのが一番ですし、周りにアドバイスを求める姿勢が重要です。

大丈夫です。日々きちんと成長日記をつけて、意識していれば、うまくできるはずです。

達成すべき結果と、成長させる能力をそれぞれ設定する

ここまで目標設定について述べてきましたが、実は設定すべき目標は二つあります。

一つは、ここまでとりあげてきた〝**達成すべき結果**〟です。

一方、成長のためにはもう一つ、これとは別に設定していただきたい目標があります。

それは、〝**自分が伸ばしたい能力**〟というものです。

達成すべき結果というのは、「いつまでに、何を、どれくらい」やり遂げるのか？　というもので、定量化して明確にすることができます。例えば「1週間で、この本を、50％読み終える」というようなものがそれです。

一方、自分が伸ばしたい能力については、より定性的な目標設定になります。達成すべき結果に比べると、数値化＝定量化にこだわる必要はありません。

なぜなら、自分が成長させたい能力を設定するのは、成長を実感し、モチベーションを保つことが目的であり、もし成長していなければ、すぐにやり方を変えて対応できるよう

にするためのものだからです。

ただし、どれくらい伸びたのか？　についてはあやふやでもかまいませんが、伸ばしたい能力の内容については明確にすることが必要です。

仕事ができる能力というように大雑把にとらえるのではなく、より詳細にしましょう。

そのために、ここでもう一度、能力を腑分けしてみます。

皆さん覚えていらっしゃいますでしょうか？　第1章で能力を大きく三つに分けたことを。

覚えていない？　安心してください。覚えていないのが普通です。しかし、今回は覚えましょう。同じ失敗を繰り返さないのが、〝いい失敗〟の条件なのですから。

三つの能力というのは、

「問題発見力」「問題解決力」「コミュニケーション力」

というものでした。

最初の二つは一人で何かをアウトプットするための能力であり、コミュニケーションは自分以外の人たちを動かしながら何かを進めていくための能力です。

まず、この能力について、自分はどれが強く、どれがイマイチなのか？　判定してみてください。その上で、できれば周りの人にも聞いてみてください。

問題発見力というと、難しく聞こえますが、「新しいアイデアを出すのが得意か？」「人と違う視点を持っているか？」ということです。

問題解決力は「問題に直面したときに、解決策を出せているか？」「頭の回転が速いか？」というものです。

コミュニケーション力は「説得力はあるか？」「人の話を聞くのがうまいか？」などの質問をすることによってわかります。

ただし、気をつけないといけないのが、いい人はどの質問にもイエスと答えてくれてしまうことです。

また、そんなにいい人でなくとも複数の人に質問してしまうと、すべての質問にイエスという答えが返って来てしまう可能性があります。

いわゆる大人の対応というやつです。

ですから、どれが一番強くてどれがあまり得意でないか？　という風に、三つの能力を横並びにして、比較してもらってください。

三つの能力のうちどれが得意で不得意かを、自分や他人に問いかけながら見極めていきましょう。

ここでの目的は成長にあります。ですから「私は誰それより三つの能力すべてで優っている。すごいね」と思い込んで、満足し、成長しなくなってはまったく意味がありません。すべての能力が、誰よりも優れているという人は、この世に存在しません。万が一、いたとしても世界に一人だけです。ですから、確率論的に自分である可能性はほぼありません。

言い換えれば、私たちはまだまだ成長できる余地があるということです。

このように能力を区分けし、強み弱みを知ることによって、成長がよりはっきり感じられ面白くなります。

周りの人をタイプ別に分けてみるのもいいでしょう。能力判別力のトレーニングにもなります。

チーム作りのところで、詐欺師とオタクという区分が出てきましたが、詐欺師はコミュニケーション力に優れ、オタクは問題解決力があるというイメージになります。

成長は人との競争という側面を持っていますが、継続していくためには、楽しみながら伸びていくことが必要です。

三つの能力区分を使って自分のタイプを見極め、今後、こういう風になっていきたいと想像し、成長を楽しむツールの一つとして活用してください。

三つのタイプを意識しながら成長する方法のよいところは、成長ポイントが明確になると同時に、際限なく成長するべき点が出てくることです。

恐ろしいことに、どれかの能力が成長すると、他の能力が衰退してしまったかのように感じられるからです。

永遠のモグラ叩きゲームみたいなもので、こっちを叩けば、あっちが飛び出す、あっちを叩けば、こっちが飛び出すということの繰り返しです。

モグラ叩きゲームを知らない人はお父さんお母さんに聞いてみてください。

三つの能力について注意すること

三つの能力については、どれが一番いい能力だとかはありません。

自分が取り組む仕事、事業によって、タイミングによっても必要とされる能力は変わってきます。その上、チームや組織で仕事をする場合、他のメンバーが持っている能力によって、自分に期待される能力は変わってくるのです。

通常、能力といえば、皆さんは問題解決力を指していることが大半であると申し上げてきました。

学校教育は問題解決力の育成が中心になっていますし、既存事業において主に必要とされるのも問題解決力です。

皆さんが会社で受ける研修も、ロジカルシンキングとか経営戦略論とかプロジェクトマネジメントとか、問題解決力系のものが主流ではないでしょうか？

セクハラ、パワハラ研修は問題発見力を高めているともいえますが、問題発見というより、常識が欠けている人に、ほとんどの人が既に発見済みの問題を改めて知ってもらうことに重きが置かれているので、あまり問題発見力の開発には寄与しません。

プライベートにおいても、大半の厄介事は問題解決力があれば解決できます。

コミュニケーション力も比較的重視されています。

しかし、組織やチームというものはコミュニケーションにかかるコストをどんどん少なくするために存在しているという側面もあり、慣れ親しんだ組織（家族なんかが代表的なものです）においてはコミュニケーションの必要性や頻度は時間の経過とともに少なくなっていきます。

もちろん、ゼロにはなりませんが、時間の経過とともにコミュニケーションにかかる労力をなるべく減らしていこうという慣性をすべての組織が持っています。

何がいいたいのかというと、**問題解決力がある人、鍛えられている人はたくさんいるのですが、他の二つの能力を意識し、伸ばそうとしている人は比較的少ない**ということです。

特に、問題発見力は習得が難しい上に、あまり意識されておらず、長けている人があまりいません。

問題発見力は、価値観の転換や崩壊を経験すると飛躍的に上がります。いろいろな前提が相対化され、懐疑的に物事を捉えられるようになるからでしょう。子どもの頃に、金持ちから突然貧乏になった、大きな病気をした、肉親と死別した、差別を受けたなど、非常に困難な経験をすると人は大きく成長するといわれますが、特にこの問題発見力という希少価値のある能力向上に役立ちます。

もちろんできれば経験したくないようなことばかりですが。

コミュニケーション力は問題発見力に比べれば、比較的意識されています。ただ、ビジネスにおいては特に誤解されがちです。

「プレゼン能力のことだよね？」とか「雑談力？　交渉力？　説得力？」など、言葉を発する能力、表現する力と理解されがちです。

しかし、コミュニケーション力は、ただ話がうまい、口達者などを指すものではありません。

弁舌さわやかで、できる人なのだけれど、「部下が育たない、ついてこない」一匹狼タイプのセールスマンというのも存在しますし、話が面白いだけで「あの人に相談しよう。ついていこう」とはならない先輩もいるのではないでしょうか？

話がうまい、口がうまいだけでなく、人の感情、機微を読み取る能力が求められるのです。

「人の想いや考えをくみ取り、自分の考えを相手に伝えて説得、納得させる力」というものがコミュニケーション力であり、相手の考えを取り込む＝インプットと、自分の考えを相手にきちんと伝える＝アウトプットの両方が求められます。

さらに、これらの力によって人を動かしていくところまでできれば、チームのリーダーとしてとりあえずメンバーを引っ張っていけます。

メンバーの考えを理解し説得できるなら、問題発見力も解決力がなくとも、メンバーに任せてしまえるからです。

日本を含む儒教文化圏においては「巧言令色鮮し仁《こうげんれいしょくすくなしじん》」といって、口がうまい人は誠実でないとみなされがちです。

特に男性においては「不器用ですから」「男は黙ってサッポロビール」のような価値観がまだ残っています。

ということは、コミュニケーション力を強みにするのも一つの手だと思います。

図11　能力全体は掛け算で決まる

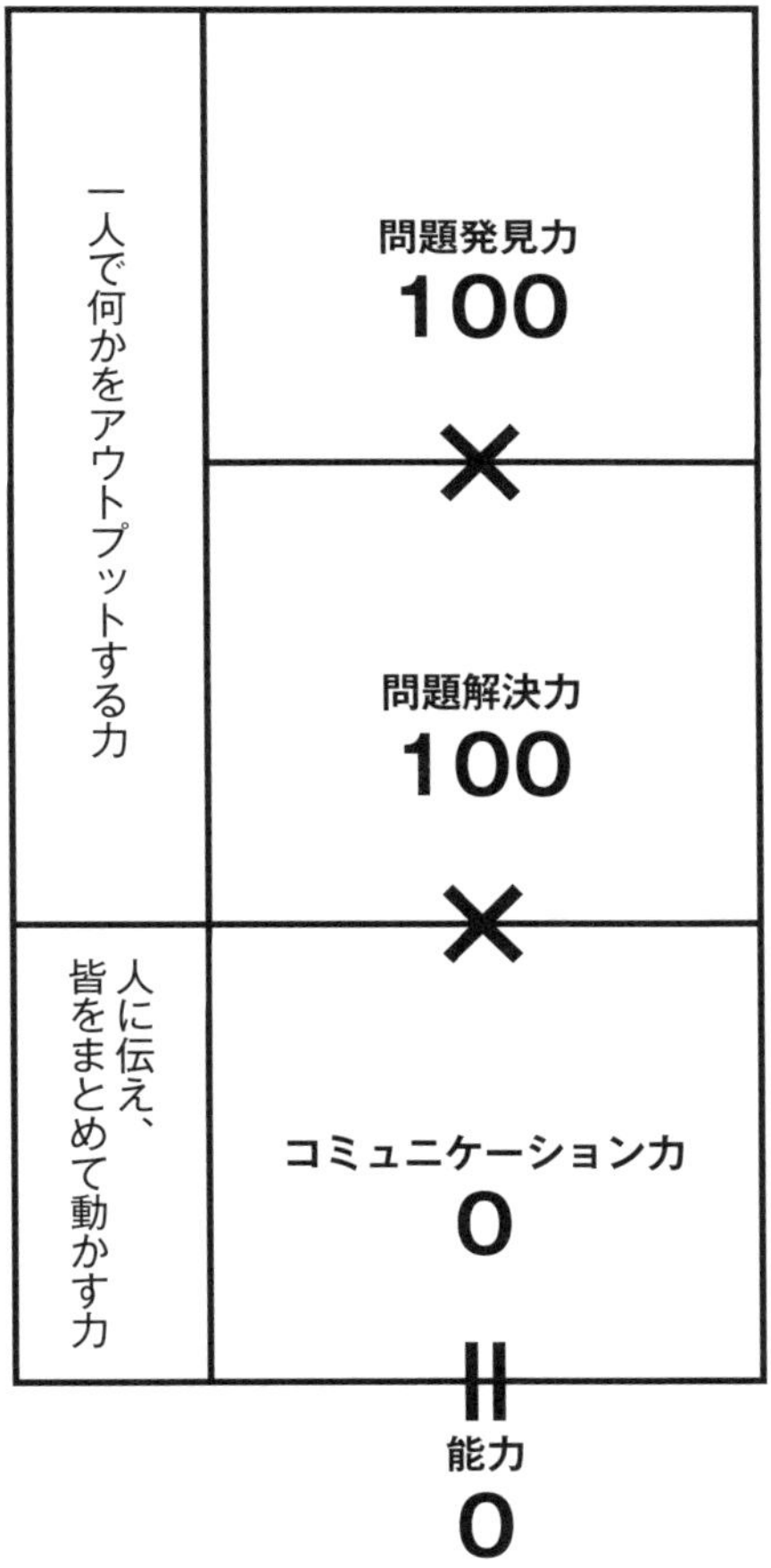

英語ばかりが注目されますが、英語に関する知識もコミュニケーション力という土台があってはじめて使えるものになります。

「学歴社会なんておかしい！」と抗議するだけでは、何も変わりません。

前にもあったように、既存事業において学歴は有用だからです。

ですから、社会全体を見ると量的に一番必要とされている能力は、今もなお問題解決力でしょう。ただし、それは今現在の話です。

これから、変化の質、量、スピードが増大していくので、問題発見力やコミュニケーション力もどんどん求められるようになるでしょう。

日本においては特に問題発見力やコミュニケーション力は希少性があります。

まさしく**逆張り**できるところなので、意識して成長にトライしてみるのも面白いのではないでしょうか？

そうはいっても、何より大切なのは、まず自分がどうなりたいか？　です。

どの能力で勝負するのか意識することです。

一方で、最終的に能力は掛け算で決まります。

どれか一つでもゼロなら、能力はゼロになってしまいます（図11参照）。

問題解決力があるから、学歴が高いからと慢心していると、足元をすくわれることになります。

逆に、学歴は今一つという方からみれば、**逆転**するためのきっかけになります。

残念なのは、学歴がないからと資格やＭＢＡをとることばかりに目を向けている方が多いことです。

アメリカではＭＢＡ取得はキャリア上、明らかに有利ですが、日本ではそれほどのインパクトはありません。

しかも、ＭＢＡで伸ばせるのは主に問題解決力であり、逆張りからは程遠く、高学歴者の後追いをしているにすぎません。

ダメだとは思いませんが、逆転思考の立場からすると、如何なものかと考えざるをえないのです。

とにかく、どの能力を伸ばすのか？　を常に意識することが大切です。

❶三つの能力において自分はどういうタイプなのか？　確認する。
❷どの能力を成長させたいのか？　決める（want,should,can の基準で）。

❸能力評価はまず自分が行う。人にも聞く。

これが伸ばしたい能力について目標を設定する方法です。

簡単でしょう？　どの能力を伸ばしたいかを意識してください。その上で、自分なりに伸びている感があれば大丈夫です。

最初に申し上げたように、成長を楽しむのが、〝自分が伸ばしたい能力〟を設定する最大の目的ですから。

また、もしどうしても成長させることのできない、足りない能力があってもご安心ください。

チームや組織を作ることによって、対応することができます。

しかし、そのためには最低限のコミュニケーション力が必要です。

コミュニケーション力は、熱意があれば技量がなくてもカバーできます。

目標を評価する

二つの目標、うまく設定できましたでしょうか？

まだ設定してないという方は、いったん本を閉じていただき、まず目標を設定してみましょう。実践あるのみです。

設定すべきは**「達成すべき結果」**と**「伸ばしたい能力」**の二つです。

この本のテーマが「失敗しよう」であり、「とにかく挑戦しよう」ということなので、実践していただかないと、意味がなくなってしまいます。

巻末に実践の結果を報告するためのアドレスを記載しておくので是非報告お願いします。皆さんのデータを集めて検証したいと思っています。いい結果が出ればご報告します。まずい結果が出たら……もみ消します。といいたいところですが、この本の主旨である「失敗しよう」に反してしまうので、是非うまくいかなかった点を中心に教えていただければ幸いです。包み隠さず、何らかの形で公表もしたいと考えています。数が集まればの話ではありますが……。


目標が設定できたなら、次は着実に目標に向かって進んでいきましょう。

こまめに評価し、修正することが大切です。

常に適切にストレッチしている状態を作り上げることが、ぐんぐん成長するための肝になります。そのためにも、絶えず目標と進捗を評価し、手直ししなければなりません。

達成すべき結果については、目標をなるべく定量化し「いつまでに？　何を？　どれくらい？」やるのかを、明確にしましょう。

目標を設定し、評価するのは簡単なように思えます。数字を決め、達成できたかを判断すればいいのですから、子どもにだってできそうです。

ところが、これが、思ったより難しいのです。

一つには、〝適切にストレッチされている状態〟を維持し続ける難しさがあります。進捗が良すぎれば弛緩し、悪すぎると張り詰めすぎて切れてしまいます。ですので、適宜、目標を修正する必要があります。

目標をコロコロ変えてしまっては、それはもう目標と呼べないのではないか？　というご意見はもっともなのですが、楽々到達できてしまう目標だと「ちょっとくらい休んでもいいかな？」となりがちですし、到底達成ができないようだと「もうダメだ……あきらめよう……」となってしまい、どちらにせよ適切な緊張状態が保てません。

ですから、迷わず修正してください。

もう一つの難しさというのは、定量化が難しい場合があることです。

例えば、あるビッグプロジェクトをライバルと競い合いながら受注するといったケースです。

この場合、素直に定量化すると「受注1件を目指す！」ということになりますが、これだと目標の重要さが伝わりませんし、評価もしにくくなります。

少なくとも、日々目標に向かってきちんと進捗しているのかどうかの確認ができません。

こういう場合、目標を時間軸に沿って細分化するという方法が標準的です。中目標や小目標を置き、それらをすべて達成できると最終目標が達成されるという方法です。

このやり方も悪くないのですが、問題は目標がどうしても外形的なものになりがちなことです。

具体的にいえば、アポが取れたとか提案書、見積書を受け取ってもらえたとかキーマンに会えたとか、わかりやすい目標になります。

もちろん、まったく意味がないとはいいませんが、特にプロジェクト型の複雑な交渉になると、このような通常のKPI設定だけでは、交渉の進捗が測れません。

ではどうすればいいのかというと、**期待値**という概念を使ってください。

期待値とは、相手が自分に要求する合格点のことです。入学試験の合格ラインと同じようなものだと思ってください。

期待値は常に変動します。変動の要因となるのは、相手の動きと競争相手の動きと自分の動きの三つです。そうです。以前出てきた3C（P153図10参照）です。

このようなケースでは、期待値＝受注条件となり、顧客の期待値を越えれば受注できるということになります。

ただし、入学試験と同様に、合格点を80点とするなら、79点でも0点でも同様に不合格＝失注という恐ろしさがあります。

しかも、競合と互いに競い合えば、合格点はどんどん上がっていきます。

このケースのように期待値で評価が決まってしまうことは他にもあります。例えば上司や部下からの評価も期待値です。

できる同僚が隣にいれば、どうしても評価は厳しくなってしまいます。

期待値という考え方を導入することのメリットは、

- **常に目標が変化することを明確に意識できるようになる。**
- **競争相手や、顧客に目配りするようになり、自分のやり方を変えることができる。**
- **合格か不合格なので、ハードルを越えないと0《ゼロ》と同じだと意識できる。**

などがあります。

期待値という概念は入学試験や採用試験に似ており、皆さんも何度か体験しているはずなのですが、いざ仕事の現場なるとすっかり忘れてしまっている人が結構おられます。

いくら努力しても合格しないと意味がない、合格点は変動してしまう、という現実を受け入れず「最初といっていることが違う」とか「ほぼ、うまくいっていた。あともう少しだった」とかいってくだを巻いてるだけでは成長に結びつきません。

入学試験でも、「去年はもっと簡単だった」「予想が外れた」「もう少しで合格していた」と愚痴っているだけの人は、次の年も合格できません。

合格点は常に変動し、ライバルたちが頑張ればその分、ハードルは上がってしまうという現実を受け入れ、できる限り努力する姿勢が重要ですし、社会に出てからも、様々なことが、実は期待値で決まっているということを受け入れることが必要です。

では、この辺で一度、達成すべき結果についてまとめてみましょう。

- **「いつまでに」「何を」「どれくらい」やるかについて決める。**
- **なるべく定量化し、誰から見てもわかるようにする。**
- **期待値という概念を使って目標を決める。**

以上です。シンプルです。ただし、シンプルなものでも積み重なると複雑になってしまいます。一つひとつ、確実にマスターしていきましょう。

伸ばしたい能力で成長を楽しむ

〝達成すべき結果〟を設定するのが緊張を作り出すためだとすれば、〝伸ばしたい能力〟は、ストレッチの苦労を癒し、成長を楽しむために設定します。

達成すべき結果は、ある程度の時間がかかるため、毎日評価するというわけにはいきませんが、伸ばしたい能力の評価については毎日行いましょう。

細かく小さな変化をしっかり見つけ出し、日々成長を意識し、楽しむのです。

「今日、何か新たに身につけたことはあるか？　どう成長したか？」を書き出し、記録し、「すごく成長した！」とか「伸び悩んでる……」とか喜んだり悩んだりしつつ、「こうすればうまくいくのではないか？」とか「明日はもっとこうしよう！」とやる気を出すことができればベストです。

「ゲームなら何時間でもできてしまう。ご飯抜きで1日中でもＯＫ！」という人もおられるかもしれません。しかし考えてみると、目標を目指して成長し、毎日記録するというのは、自分が主人公の〝リアルロールプレイングゲーム〟といえませんか？

以前、ゲーミフィケーションという言葉が流行りましたが、そんな感じで自分の成長をゲーム化してみるのも一つの方法です。

いずれにせよ、成長を楽しむためには、成長している実感を持つ必要があり、そのためには成長をこまめに確認すればいいのです。

確認するためには、達成すべき結果と同じように、定量化するのが一番わかりやすい方法です。しかし、数値化すると、労力がかかったり、逆に実感が持てなくなるというジレンマがあります。

そこで、相対評価と絶対評価の二つをうまく利用しましょう。

競争がある世界では、相対評価が能力を見極めるには適しています。

例えば、「コンビニA社は5年連続増収増益！　売上成長率年平均３％！」といえば、「うまく経営しているな」と思われるのではないでしょうか？

しかし、コンビニ業界全体の成長率が５％だとすればどうでしょうか？　あるいはトッ

図12　４象限マトリクス図

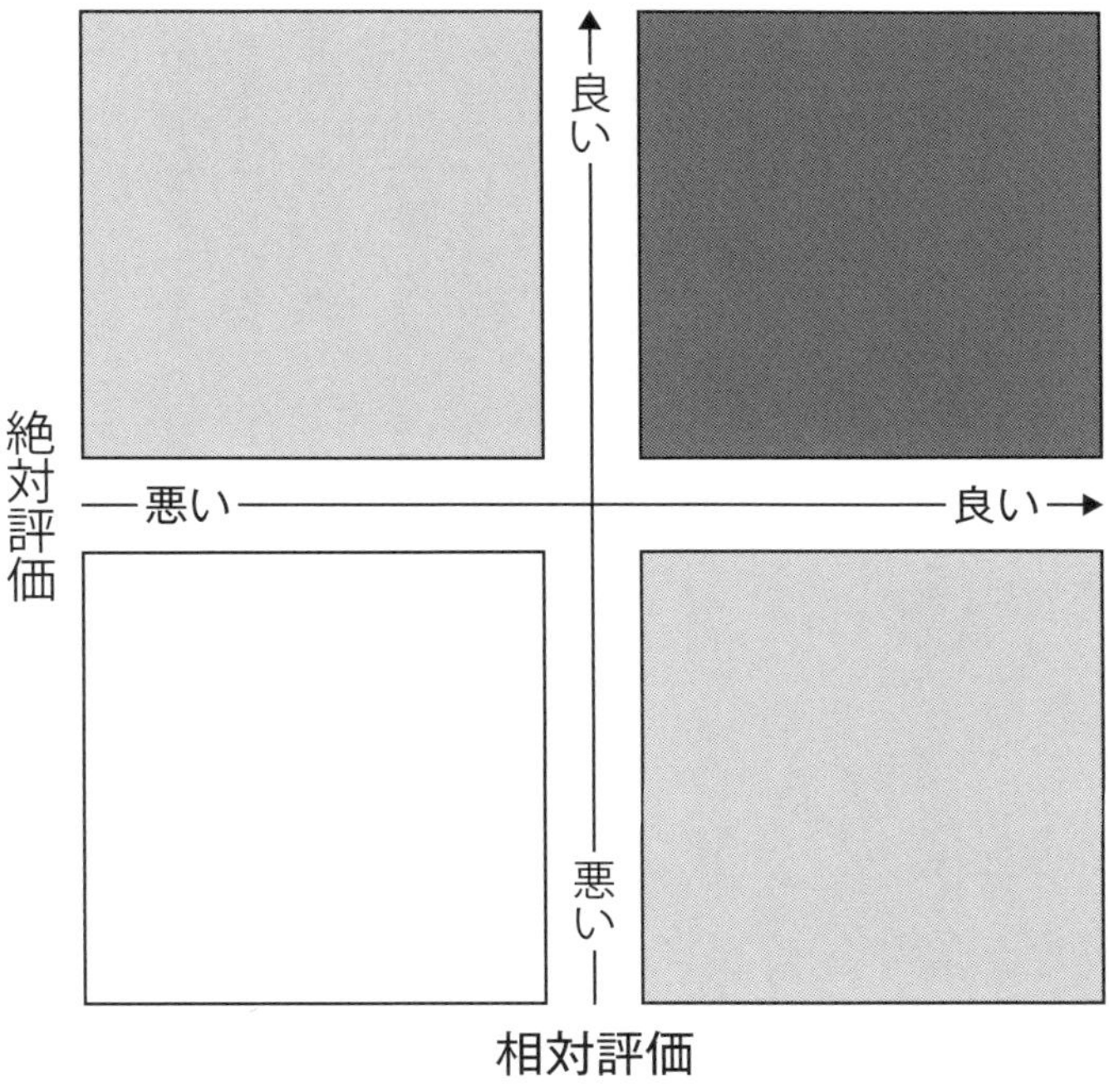

プのB社は10％成長で10年連続増収増益だとすれば、A社経営陣が有能とはいえなくなります。むしろ、B社に引き離されているダメな経営だといえます。

前者が絶対的評価であり、B社と比較したものが相対的評価です。

絶対評価と相対評価がどちらも良い、あるいは悪ければ、はっきりしますが、相対は良いが絶対は悪い、あるいはその逆ということもあります。

この場合、評価は難しくなります（図12参照）。

逆に、グンと伸びる時期というのは人それぞれ違うので、相対評価を重視しすぎると、成長前に挫折してしまう人も出てきます。「そんな奴どうせダメだろう」とは言い切れません。後半グングン伸びる、大器晩成タイプかもしれません。

少なくとも自分のことはいつも大器晩成型であると考え、相対評価だけでなく、絶対評価も行っていただき、どちらかが良ければ、「まだまだ成長できる！　ＯＫ！」としてください。

第三者なら客観的、公平に評価してくれるはずだと思いがちですが、感情論をもっともらしくみせるために、評価方法を巧妙に使い分け、結論を自分の思い通りに誘導したりすることがあります。

図13　足切りしているグラフの例

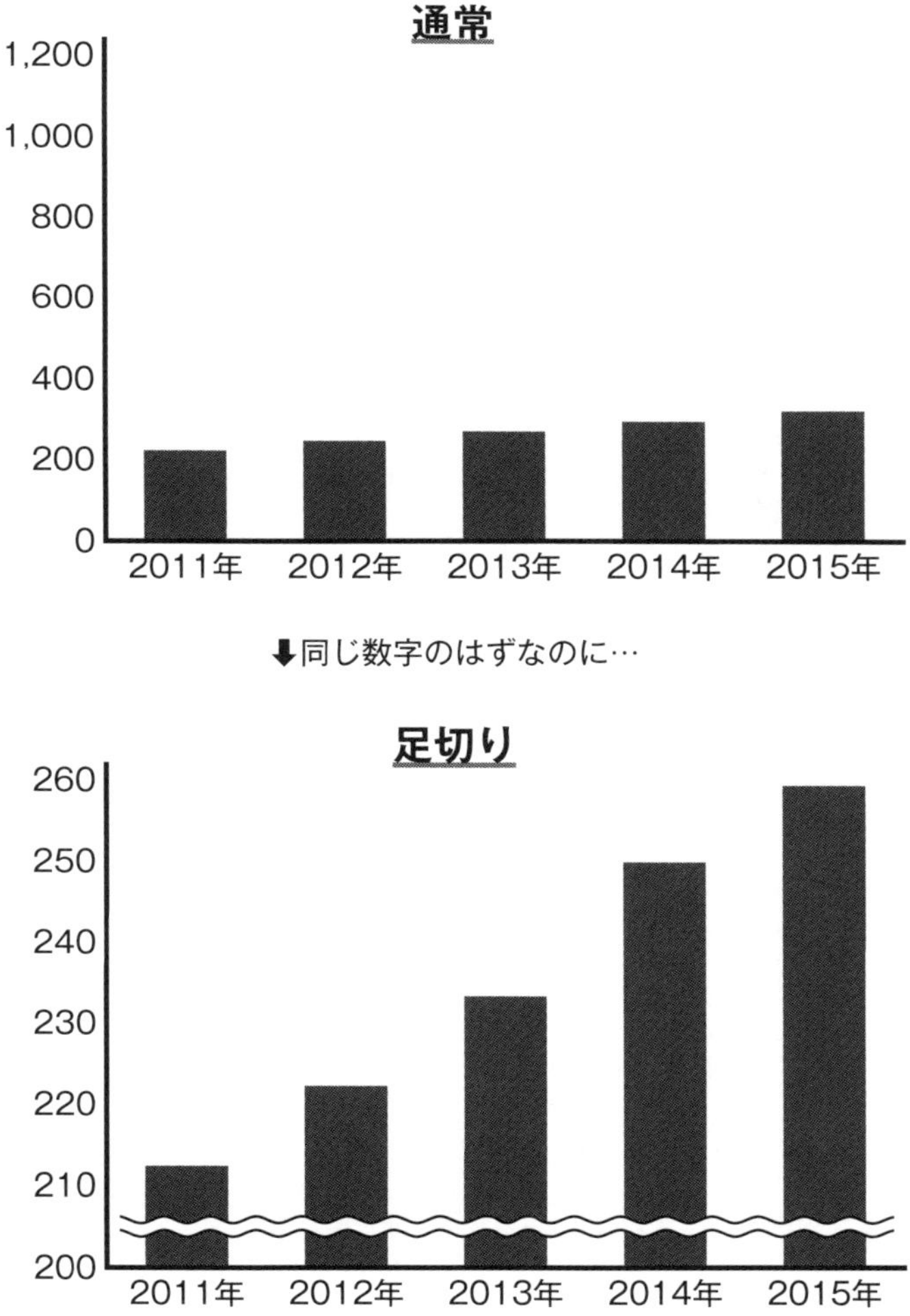

例えば、マスコミは先ほどのA社コンビニ社長を評価したければ、絶対評価を用いますし、評価したくなければ相対評価の比較表を載せて記事にします。

皆さんも誰かが誰かを評価しているときには、絶対と相対両方で評価しているか、時間軸においても長期、短期両方の観点から評価しているかをきちんと見極めてください。

また、グラフの軸を足切りするのは悪い癖なので、よく確認して下さい。同じグラフでも印象がかなり違ってきます（図13参照）。

話を戻すと、成長を楽しむためには自己肯定が必要です。

よく見れば（何とかこじつければ）、昨日の自分より何かは成長しているはずです。最悪、少なくとも昨日より1日分、年をとったことは間違いありません。成長のための経験を積んだことにしましょう。それらを毎日記録し、見直すことによって、成長のモチベーションを保つようにしてください。

しかし、どんなにひいき目に見ても後退していると気づいてしまったときには、
1、長い目で見る。大きく飛躍する前に屈んでいるのだと理解する。
2、成長していた過去の記録を見返す。
という方法で対処してください。

なるべくいいところだけを見るようにしましょう。

これは気休めではないのです。なぜなら、成長には波があるからです。以前申し上げたように階段状であるだけでなく、**波状でもあるのです**（図14参照）。

たまたま踊り場にいて、皆が先に進んで自分だけが取り残されているように感じたとしても、しばらくすると皆が踊り場に溜まっていて、追い抜くチャンスがきます。そして、またしばらくすると、追い抜かされるという繰り返しです。

重要なのは、ストレッチと摩擦状態をキープして、挑戦（トライ）‐失敗（エラー）‐適応（フィット）サイクルを回し続けることです。信じる者は救われます。

成長を楽しむのは、山登りやスポーツに似ているところがあります。

簡単に登れてしまったり、勝ててしまうと案外楽しくないものです。

苦労の果てに達成してこそ、大きな喜びを得られます。勝利を想像したり、小さな達成を経験することにより、成功までの道のりにある苦労も、成長と成功への道しるべに思えてきます。

喜びが想像できなくなるなどして、遠くの目標達成にくじけそうになったときには、と

図14　波状のグラフ

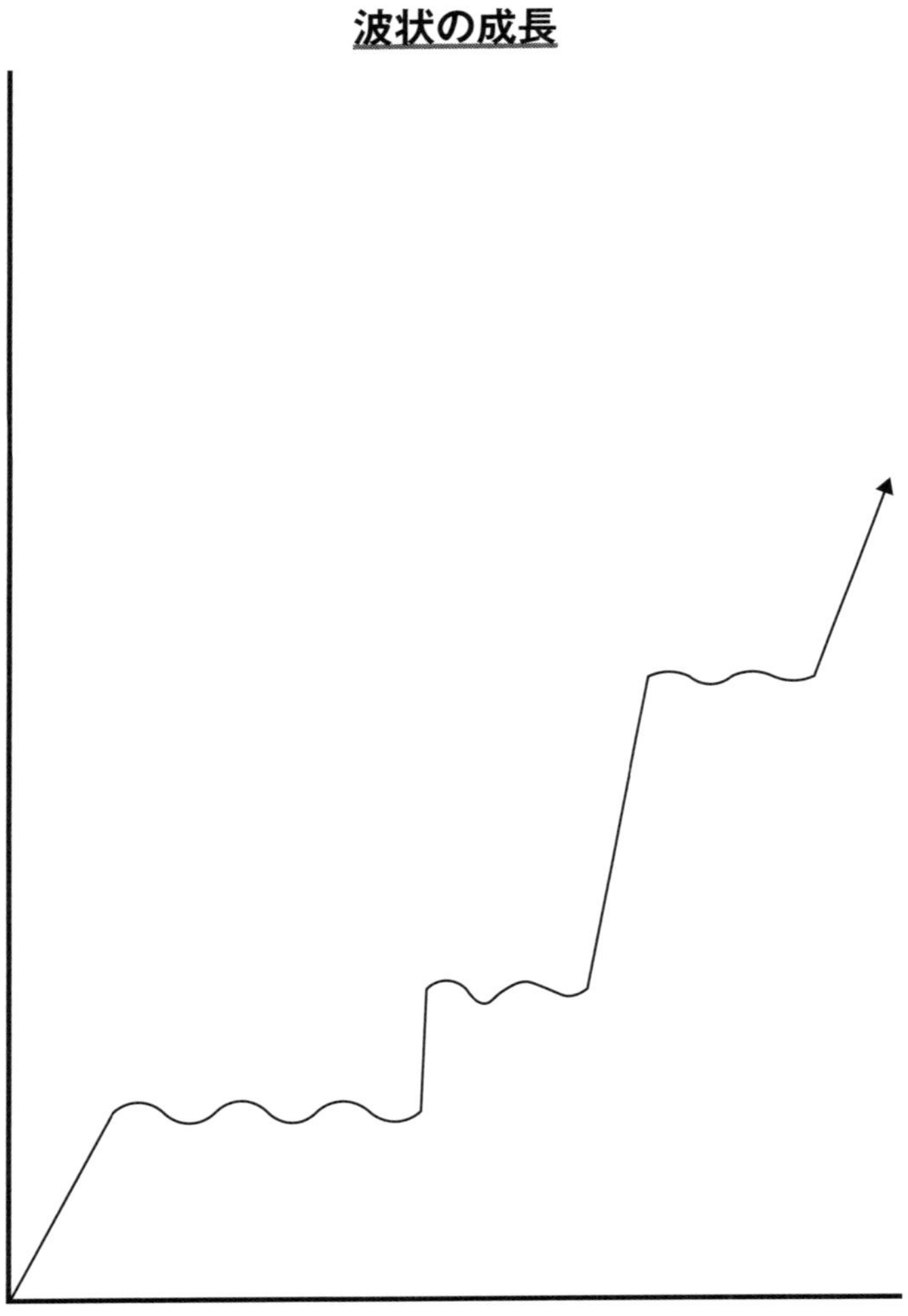

りあえず日々の小さな成長を楽しみましょう。逆に、小さな成長が感じられなくなったときには、遠くの目標に目を向けてください。

昨日の自分と今日の自分を比べれば、何かは必ず見つかります。今日見つからなくても、明日には見つかるだろうという楽観主義が大切です。

ストレッチをして成長する

成長のために必要な、第一の手法、「ストレッチする」についてまとめてみると、

❶適度にストレッチ＝背伸びしている状態をキープする。
❷そのために、適切な目標を設定する。
❸「達成すべき結果」と「伸ばしたい能力」の二つの目標を設定する。
❹「達成すべき結果」は「いつまでに、何を、どれくらい」を定量化する。

❺数値で目標設定しにくければ、期待値という概念を使う。
❻「伸ばしたい能力」は三つの能力を意識し、毎日測定する。
❼日々、ストレッチされているか、成長しているか評価し、目標とやり方を見直す。

ということになります。

一つひとつの工程はそんなに難しくないのですが、あらためて整理してみると、それなりの手順になります。自動化、システム化してしまいましょう。

システム化というと難しく聞こえますが、目標をきちんと設定し、後は周囲の力を借りながら、適度にストレッチされているのかを確認していけばいいだけです。

- **目標を決めたら、周囲の信頼できる人に公表する。**
- **毎日記録し、自分を褒める。朝と寝る前に時間をとる。**
- **毎日の記録も、可能であれば誰かに見てもらう＝日報など。**

これだけです。

日報や、閉じられたＳＮＳのような仕組みがあるなら、うまく利用してみるのもいいかもしれません。まとめ７で「目標とやり方を見直す」と書きましたが、どのタイミングで見直せばいいのかについて再度補足しておきます。重要かつ、躓《つまず》きやすいところです。

目標を変更すべきなのは、

・目標の達成がとても無理だと成長自体をあきらめたり、心折れそうな場合。

ｏｒ

・楽勝で達成できそうだなと、さぼってしまいストレッチできない場合。

やり方を変えるべきタイミングは、

・自分でいくらやっても結果が出ない、成長もしていないと感じる。

ａｎｄ

・周りから「一息つこうか」「何か別の方法があるかも」と行き詰まりを指摘される。

という状況になったときです。

目標は〝ｏｒ〟条件、やり方は〝ａｎｄ〟条件であることに注意してください。

目標はどちらかの条件に当てはまれば変えないといけません。
やり方は両方の条件がそろったところで変更してみてください。

変更するときのコツは、

1、ぐずぐずせず、すぐに、素直にやってみる。

2、うまくいかなかったら、失敗したなと思ったら、また違う方法を試す。

ということです。

自分が立てた目標だからとこだわりすぎたり、意地になってしまって適切なストレッチ状態が保たれないまま時間が過ぎてしまうことこそ問題であって、変更して失敗しても、また変更すればいいだけで、大した被害はありません。

毎日毎日変更しないといけないようだと疲れてしまうので、目標設定の技術も向上させていきましょう。

試行錯誤こそ成長の源であり、トライ&エラーなくして成長なしです。スマートにやろうという考えは一旦捨て、泥臭くのたうちまわっている状態が、成長には最適です。
楽《らく》することはあきらめ、しかし楽《たの》しみましょう。

第5章

摩擦（フリクション）を起こし、火をつける

Reverse Thinking

摩擦（フリクション）を起こす

「モダン・タイムス」という映画では、労働者がガチガチに管理され、まるで機械のように扱われる様子が描かれています。

チャップリン演じる主人公が歯車に巻き込まれるシーンはとても有名です。資本社会、工業社会、機械化に対するアイロニーが込められているようです。

一般的に、何かの歯車になるというのは、決して良い意味では使われません。

しかし、ここでは、**自ら進んで歯車になろう、お互いガッチリ噛み合った歯車になろう、そのためにはどうすればいいのか？** ということについて考えてみたいと思います。

逆転するための**逆説・逆張り**という、逆シリーズの総仕上げで、ここでも普通の逆を行きます。

皆がなりたくない組織の歯車に、あえてなろう！　それもガッチガチに噛み合って強固なチームを作って、皆で成長しよう！　成功しよう！　というのがそれです。

ここまで何度か申し上げてきましたが、成長にはある程度の痛みが必要です。他の人の力を借りて摩擦（フリクション）を起こすときにも、同じようにある種の痛みをともないます。

痛さというよりも、正確にいえば熱さになるのですが、ここでのキーワードは、

フリクション＝摩擦＝摩擦熱

です。

簡単にいえば、**周りの人や仕事とこすれ合うことによって、摩擦を起こし、発生する熱をうまく使って、自らが成長し、仕事も進め、かかわる人をも成長に導く**というイメージになります。

摩擦とはもっと具体的にいえば、対立であり、もめ事であり、争いであり、面倒です。

残念ながらどこまでいっても、心地良い言葉は出てきません。

ストレッチ（背伸び）のときは伸びて苦しかったのですが、今度はこすれ合うことで痛

みが起こります。

ただし、ストレッチの場合と同様、ただ闇雲に摩擦を起こせばいいということではありません。

適切な摩擦で、適度な摩擦熱を起こして、それを成長エネルギーへと変換していくという工程を、きちんとコントロールしていかなければなりません。

暴走して、歯車が壊れたり、噛み合う相手がいなくなってしまっては元も子もありません。

摩擦に必要なものは何でしょうか？　それは、

- **確固たる自分**
- **打ちこめる事業**
- **かかわってくれる他人**

の三つになります。これらが、互いにしっかりと噛み合っている状態が理想であり、そうなるようにシステムを組み上げていけば、後は労力をかけずとも、お互いに回っていくことができる＝成長することができます（図15参照）。

図15　成長

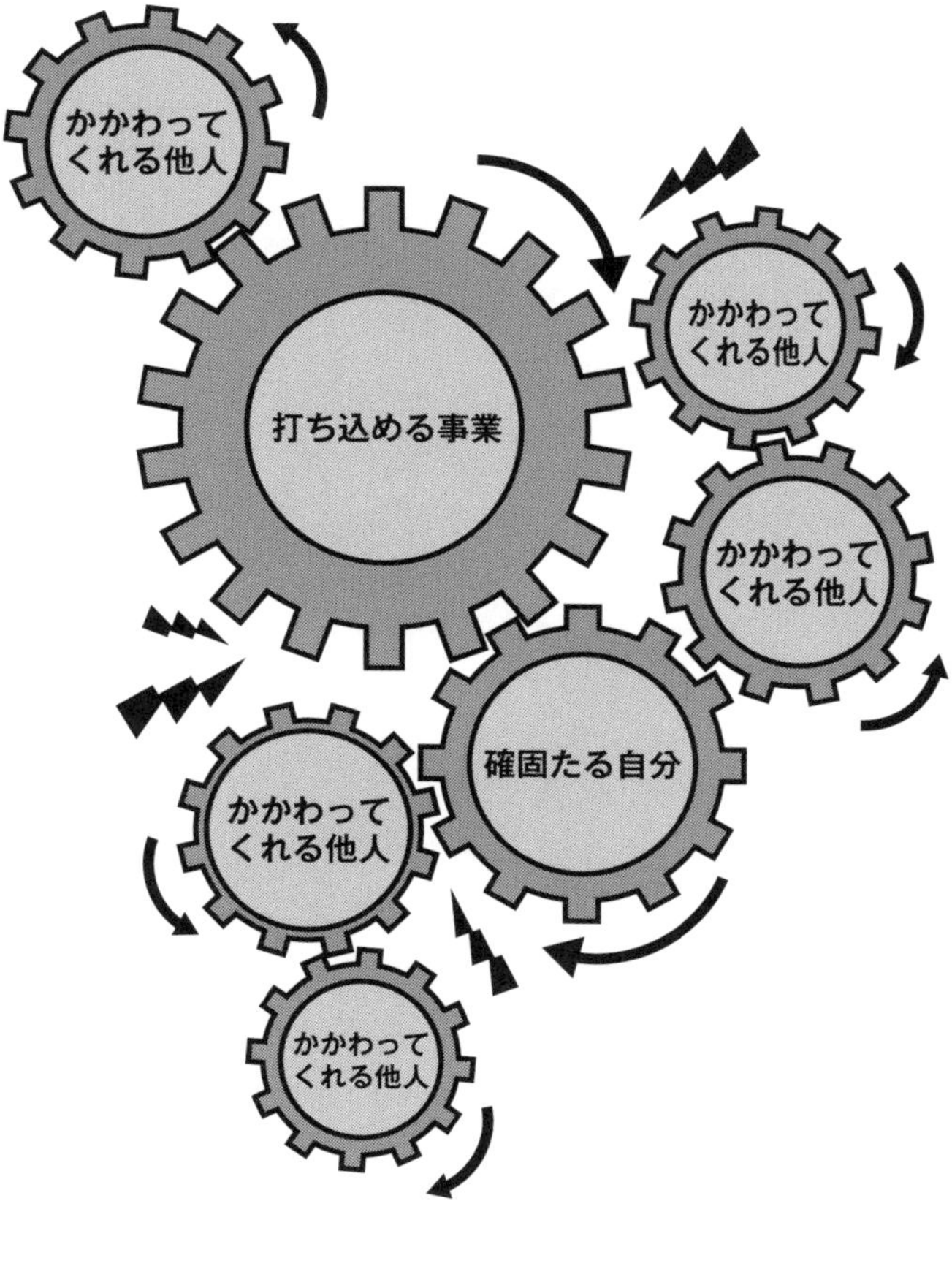
かかわってくれる他人
かかわってくれる他人
打ち込める事業
かかわってくれる他人
確固たる自分
かかわってくれる他人
かかわってくれる他人

「自分」「事業」「他人」の三者を適切に組み合わせ、適度な摩擦を起こすことが最初に目指すところになります。

ということは、当たり前なのですが、互いにしっかり接触し、こすれ合わねばなりません。

そのためには、まず自分がある程度の固さを持っている必要があります。

すぐに欠けてしまったり、曲がってしまっては歯車として噛み合えません。

一方が固すぎても、周りの歯車を壊してしまう恐れがあります。ですから〝ある程度〟なのです。

事業と噛み合うとは、一生懸命に取り組むということです。

他人とこすれ合うためには、相手が自分との接触を嫌がっては無理なので、人間関係の構築も必要になってきます。

また、噛み合えたとしても、お互いの歯がこぼれてしまっては、摩擦を起こすことはできません。

ということは、過度の摩擦が起きてしまう相手と組むのはよくないということです。

つまり、自分よりもはるかに堅い歯車＝能力の高い人、難しい仕事に挑み過ぎるのはよくないのです。

実力者や有名人と一緒に仕事をしたいと思うのは人の性ですが、成長のためには実力差がそれほどない相手と噛み合ったほうがいいのです。

ストレッチのときと同じように、自分が多少摩耗する程度の、自分がコントロールできる程度の摩擦熱が発生するように相手を選びましょう。

そして、相手にも自分と組みたいと思ってもらわないといけません。

ここまでできていれば、後は摩擦熱を成長エネルギーに変換すればいいだけです。

具体的には、**仕事や人との付き合いのなかで起きる失敗や軋轢を、自分を磨く機会にしたり、負けないぞというやる気につなげていくということです。**刺激といってもいいかもしれません。

誰かや何かとがっぷりと組み合っていれば、常に自分に刺激が与えられます。それにより、自分を変容させていくというのが、摩擦熱をエネルギーに変えるという意味です。

摩擦を避け、心穏やかに生きていくのも魅力的ですが、成長は期待できません。

摩擦を刺激として受け止め、楽しむまではいかなくとも成長のきっかけとして捉えることができるのが心の若さを保つ方法でもあります。

積極的に摩擦を起こし、摩擦熱を成長のエネルギーに変えていくためのシステムを組み上げましょう。

同時に、常に摩擦をコントロールする意識を持つことが大切です。

Column

M＆Aや大企業とベンチャーの協業、ベンチャー投資はなぜうまくいかない？

最近、イノベーションや新規事業開発のために、ベンチャーと大企業のコラボが盛んに行われるようになりました。

かつてはアメリカのシリコンバレーを見習って、ベンチャーを育てないといけないということで、国を挙げてベンチャー投資が盛んに行われてきました。ここ何年かは、ＣＶＣ、いわゆるコーポレートベンチャーキャピタルという、大企業が自社の事業に投資するファンドを組成し、投資する動きが多く見られます。

経産省もこれらの動きを後押ししてきましたが、今は大企業とベンチャーの連携がお気に入りのようです。これらの動きがあいまって、大企業とベンチャーのお見合いが様々な形で行われています。

出資、融資するというのがメインですが、企業側がお題を出してそれに答えるベンチャーを募り、資金を出し、共同で事業をするというかたちも見られます。いわゆるオープンイノベーション的な考え方を取り入れているのかもしれません。

しかし、残念なことに、これらの取り組みの大半はうまくいかない可能性があります。多産多死を前提に、一つか二つ大きな成功事例が出ればよしとするのも一つの考え方ではありますが。

なぜそう考えるのかといえば、今まで行われたM&Aが思ったよりもうまくいっておらず、その原因は今も解決されていないからです。

ある研究によれば、M&Aで本当に成功したといえるのは全体の1~2割程度です。「本当に成功した」の定義は、ネットバリューが一緒になる前より、長期的に、明らかに増加したということです。

M&Aはある程度規模のある企業同士が一緒になるのだから、大企業とベンチャーの組み合わせとは違うとおっしゃられる方もおられると思います。

確かに自分よりも明らかに規模の小さな相手を何件も買収している企業ほどM&Aで成功しているという調査もあるようです。シスコシステムズなど取り上げられていたような気がします。うろ覚えですが。

そういうことも一因となり「大企業が一緒にやるのはベンチャーだ!」という風になっ

てきたのかもしれません。

個人的には、M&Aあるいは提携の失敗は「摩擦をコントロールしていないorできていない」ことにあるのではないかと考えています。

よくいわれる提携やM&Aの失敗原因に、双方の文化、社風の違いというものがあります。これには二つのパターンがあります。

大企業は事細かに報連相を求め、決裁にいちいち時間がかかってしまう。本社に呼び出されることも多く、管理志向に耐えきれなくなったベンチャー社員たちが、やる気をなくして辞めてしまうというパターン。

一方、逆に自主性を尊重するということで、別の組織のまま、腫れものに触るように対応してしまうというパターンもあります。資金と権限だけ与え、口を出さないかわりに手伝いもしない放置・放任になってしまい、お互い組んだ意味を見出せなくなるというものです。メジャーをとりたがらない日本流投資術においては、口を出しにくいのかもしれませんが。

このどちらの対応も、摩擦コントロールが適切でありません。

前者は摩擦が大きすぎますし、後者は少なすぎます。

適切な摩擦量を見定め、常にコントロールする意識が必要なのですが、あまりそこを考え、調整しているような協業を目にすることは少なく、どちらかのパターンに偏りがちです。

この摩擦理論（勝手に命名しました）によれば、適切に摩擦し、摩擦熱を起こし、成長エネルギーへと昇華させるのがM＆Aや協業の秘訣です。そのためには、摩擦はあり過ぎてもなさすぎてもダメなのです。

しかし、ほとんどのケースで両極端、つまり摩擦Zero（＝完全放任）か、壊れるほどの摩擦（＝大企業並みの管理）を起こしてしまうということになってしまいます。

かつては壊れるほどの摩擦を起こしてダメになるケースが多かったようですが、最近は反省から摩擦Zeroに変わってきているようです。

ベンチャー投資から、ベンチャーとのお見合いに変わってきたのも、この摩擦Zero化の動きとリンクしているのではないでしょうか。

しかし、摩擦Zero＝エネルギーZeroということです。

協業の意味をなしません。あろうことか、最近ではこの協業を行うのに、わざわざ仲介者を立てて、ますます摩擦を取り除こうとしています。いや、もちろん幅広い候補の中から適切な相手を探すのに仲介者が必要だというのは理解できます。

「僕たちベンチャーがどこにいるのか知らないし、お付き合いの仕方もよくわからないので」とおっしゃりたい気持ちもわかります。

しかし、それではやはりダメです。

結局、その後のベンチャー対応から何から、主導権をとれないまま、丸投げになってしまうからです。

摩擦Zeroです。それでは協業から何も得られません。

「ベンチャーと組めっつうからやってみたけど、結局何も起きなかったじゃねえか！」

という怒りが残るだけです。

この摩擦マネジメントの巧拙が、M&Aやベンチャーとの協業において、成否を分けるのではないか？　というのが摩擦理論の立場です。

財務内容精査、特許や知財の見積もり、技術、人材の査定などのデューディリジェンスはもちろん必要かつ大切ですが、結局一緒になったときにこれらがそれぞれ単独でいたときよりも、大きな付加価値を生み出せなければ一緒になる意味がありません。

シナジー≒摩擦エネルギーが、うまく産み出されるようマネジメントしていく姿勢が重要なのではないでしょうか。

単なる足し算でなく、掛け算になるような工夫と努力が必要なのでしょう。

逆にいえば、相手を選ぶときにも、自分たちの起こしたい摩擦が起こるのか？　お互いそれに耐えうるのか？　をしっかり見極めることが、真のデューディリジェンスになるはずです。

残念ながら、摩擦マネジメントにおいても、日本は欧米に負けています。

これは能力の差ではなく、融合を第一とする日本の組織文化が原因なのでしょうが。

まずは摩擦を最大化する

摩擦を生み出すためにはどうすればいいのか、ざっくりとしたイメージは持っていただけたと思います。

ここからはさらに細かく見ていきたいと思います。まず、摩擦を最大化するためにはどうすればよいか考えていきましょう。

「えっ、適切な摩擦と適度な摩擦熱とかいっていたのに、いきなり最大化しちゃうの？」

正しい疑問です。

ご安心ください。次の段階では最大化したものを削っていきます。ひとまず大きく風呂敷を広げ、その後に削っていくという手順で進めていきます。

実は、摩擦を増やす方法はシンプルで簡単です。

・自ら働きかける＝自主・自律・自発

・なるべく数多く、多様な歯車と噛み合う。

という二つだけです。

受け身でなく、自ら仕掛けていく、主導していくということが第一歩になります。

出る杭は打たれるという言葉があるように、日本の組織において、あまり好まれていない行動様式ですが、摩擦を起こすためには絶対に必要です。

それに最近では、皆、嫌々ながらも、かくあらねばならないと思いはじめてはいるみたいです。

昔から新規事業で成功するような人は、既存事業において嫌われたりつまはじきにされることが多いようです。

ソニーコンピュータエンタテインメントやプレイステーションをつくられた方も、一時期閑職というか本流ではない研究所の役職につかされていたそうです。

その理由は、口うるさくて反抗的だからということであったらしいので、まさに出る杭だったのでしょう。

逆に、既存組織の中で、うまくやれてしまう人はどうしても受け身がうまくなってしまいます。それだけならいいのですが、自らが動き出すよりも、周りが動く様子を見て、状況を確かめてから動き出す癖がついてしまいます。

人よりも早く、遅くとも同時に動き出さないと遅れてしまうのですが、どうしても素早く動けなくなってしまうのです。

皆さんの大半は組織の中でうまくやっている人たちだと思います。

それは協調性があるということで、もちろんいいことなのですが、摩擦を起こそうとするときには、あまりよくありません。

ここでも**逆説**です。

摩擦を最大化するためには、軋轢《あつれき》を恐れず、自ら仕掛けていかないといけません。

やるべきことは簡単に理解できると思うのですが、いざ実行するとなるとたんに難しくなります。舌で鼻を舐めようとするみたいです。

どうでもいいたとえは置いといて、とにかく自ら仕掛けてください。そのためには、仕掛けようという意識を持ち、毎朝、目標を決め、寝る前にできたかどうか反省するというのを繰り返しましょう。

これもストレッチのときに習慣化されているはずなので、そこに盛り込んでください。

ところで、摩擦の量はこういう公式で計算できます。

摩擦量＝歯車の数×1歯車当たりの摩擦の大きさ

つまり、一つの摩擦をどんどん大きくしていけば、それで摩擦を大きくすることも可能なのです。具体的にいえば、仕事にどっぷり打ち込み、上司や同僚、顧客とは当たり障りなく、距離を持って付き合うという一匹狼スタイルです。

ただし、このやり方には問題があります。

一つには、対仕事で起きる摩擦と、対人間で起こる摩擦はまた違ったものになるので、両方経験したほうがいいのですが、それができないことです。

どちらか一つだけだと、偏った摩擦熱、摩擦経験になってしまう恐れがあります。

摩擦にも様々な種類があり、回り方や磨かれる場所、削り方も違ってきます。

対仕事と対人間でも違うのですが、対人間も相手が変われば、擦られ方や回り方も異なってきます。

ですから、一つの歯車だけに頼ってしまうとどうしてもリスクが発生します。

摩擦の種類が多ければ多いほど、様々な磨き方を経験でき、磨き残しがなくなります。

一つだけだと、その磨き方に合せた癖がついてしまい、他の歯車と噛み合うことがうまくできなくなってしまうリスクがあるのです。

ここで、摩擦熱最大化二つ目の公式である「なるべく多様な歯車と噛み合う」というものが出てきます。

多様性を保つことは重要です。たとえ、豊富な知識や経験がある専門家がたくさんいたとしても、その人たちとばかり噛み合うのはよくないのです。同じバックグラウンドの人たちばかりだと、どうしても偏ってしまいます。

ずいぶん昔、ソニーが音楽ソフト部門（今のソニーミュージックエンタテイメント）立ち上げ時に行った社員募集では経験不問としました。

「すごい！」と思わせるのが、会社を立ち上げるにあたって社員のうち何割かを、あえて未経験者にしようとしたことです。

一説には半分を未経験者にしようとしたという話もあります。たとえ経験者を採用できるチャンスがあったとしてもそうしなかったのです。

そのほうが新しい発想が出てくるだろうという理由で。

後にソニーミュージックは新興、後発だったにもかかわらず、業界シェアナンバーワンに登りつめます。

ちなみにエイベックスも、レンタルレコード店をやっていた松浦勝人さんがはじめた会社です。ある意味素人がはじめた音楽会社なのです。

もちろん採用の仕方がNo．1になれた理由のすべてだなどというつもりはありませんが、何だかそういうメンバー構成が、摩擦を生み出し、新しいものを発想させ、勢いを作り出した気がしませんか？

新しいことをはじめるのに、多様性というのはとても大切です。

ただし、注意が必要なのは、摩擦の種類が多くなるということは、同時に、**様々な歯車と付き合う必要がある**ということです。

スピードの違いだけならまだしも、中には逆向きに回ろうとするものもあるかもしれません。そうすると、摩擦はものすごく大きなものになってしまいます。

もちろん、最初にうまく選べればいいのですが、数が増えれば当然一つひとつへの目配りは十分できなくなります。途中で動きを変えるものも出てきます。

このあたりのマネジメントは確かに難しいところなのですが、ひとまず、なるべく多くの摩擦量、多くの摩擦の種類を目指しましょう。

まず溢れさせて、それからいい具合になるように調整する。

「摩擦最大化→その後に調整」という手順で進めてください。

Column

自主・自律・自発。受動と主導

自主・自律・自発。

書き下すと、自ら主《あるじ》となり、自らを律し、自ら発するということです。

要は、自分が主人公になり、自分から他人に何かを仕掛け、自分と他人をコントロールするということになります。

意識が変われば、言葉も変わってきます。

「時間があるときにやります」→「時間をつくってやります」

「わかりました。やります」→「それ私がやります」→「私にやらせてください」

前者の受け答えでも、悪いと指摘されることはないと思います。特に既存事業においては。しかし、断然後者のほうが自主的・自律的・自発的です。

なぜ、自主・自律・自発が重要かといえば、仕事の種類や負荷を自分でコントロールできれば、成長のスピードを速め、大きく成長できるからです。

仕事を誰かから割り当てられている状態では、どうしても仕事に追われることになります。自分で、仕事についての考えをしっかり持ち、事前に準備し、提案していくことができれば、先んじて仕事をコントロールすることができます。

先手必勝というやつです。

しかし、もし自主性を発揮できないような、手に負えないような難しい仕事が突如降りかかってきたらどうすればいいのか？

「できません」とただ断ればいいのでしょうか？

こういう場合、よくたとえに出すのが前にもご紹介した〝山でクマに出会ったらどうすべきか？〟というお話です。

どんなに恐ろしいクマ（＝自分の力量を超えた難しい仕事）に出会ってしまっても、とにかくまずは向きあうことが重要だというお話でした。

とにかく、背中を見せて逃げようとすれば、クマの場合は肉体的に、仕事の場合はキャリア的にも精神的にも大きなダメージを受けることになります。

そのようなときはキャッチボールをしているつもりで、とにかく投げ返すことです。

スピードボールや変化球が怖いからといって、目をつぶったり、背を向けて逃げ出そうとすれば、落球し、怪我をしてしまいます。一度しっかり受け止め、相手に投げ返すことが重要です。

できないではなく、これだったらできる、あるいはいつならできるというように、自分ができることを伝えるようにしましょう。

摩擦で歯車を回す

自分と仕事と周りの人が歯車のようになって、お互いに影響を与え合い、仕事を進めていくというイメージは何となくご理解いただけたと思います（Ｐ１９５図15参照）。

仕事の歯車とは、自分がコミットさえすれば、噛み合うことはできます。少なくとも、自分自身がやる気を持ち続け、仕事に向き合っていれば、歯車が外れてしまうことはありません。

一方、周りの人とうまく歯車を噛み合わせるのは一筋縄ではいきません。なぜなら、うまくやるだけでなく、摩擦を起こさないといけないからです。摩擦を起こしつつ、しっかり噛み合わなければならないという逆説がここにもあります。

仕事の歯車は揉めても逃げていきませんが、人という歯車は生き物ですから、摩擦がひどくなると逃げだしてしまうことがあります。

最初はうまく噛み合ったように思えても、しばらくすると摩擦に耐えきれず離れてしまうこともあります。

人という歯車と噛み合うためには、仕事歯車とはまた違ったものが必要になります。

それは〝**信頼**〟です。

信頼がないと、いくら共に取り組む仕事が面白く、あなたが有能であっても、偉い人の命令があっても、ヒト歯車は外れてしまいます。

「信頼を得る」などというと御大層ですが、歯車を噛み合わせるための信頼を築くのは、そんなに難しいことではありません。

大切なのは、信頼関係を築こうとする姿勢です。

信頼関係構築の第一歩は、コミュニケーションです。

挨拶をする、話をする、直接、顔を合わせる。

簡単でしょ？

しかし、そういう簡単なことをおざなりにして、いきなり難しいことにとりかかってしまいがちなのです。

報告やプレゼンは万全を尽くしている一方、近くに座っているのに、直接話さずメールで済ませたりしていませんか？

メールには「言った／言わないにならない」「複数人に同時に情報を伝えられる」「転送するだけだから効率的」などメリットはたくさんあります。しかし、何度も申し上げてきましたが、安易な効率化はやめましょう。後でツケを払うことになります。

歯車を噛み合わせることに限らず、一緒に何かをするとき、まず一番に大切なのは信頼関係を持つことです。信頼関係がなければ、いい仕事はできません。

コミュニケーションの仕方によって、やり取りできる情報量には圧倒的な差があります。

メール：電話：直接会う＝　１：10：１００

くらいの感覚でしょうか。

実際、テキスト、音声、動画ファイルをスマホなどでダウンロードしようとしたら、所要時間には大きな違いがあるでしょう。それが、情報量の差を如実に表しています。

情報量が多く、相手に自分の意図がしっかり伝われば伝わるほど、信頼感は増していきます。

メールのほうが一見情報が正確に伝わるように思えますが、その情報の重要性、あるいは担当者の熱意、強度というものはメールでは伝わりません。

メールを送った後に一声かける。この些細な行動によって、伝わる情報量に天と地ほどの差が出てきたりもします。

一見、仕事と直接には関係しないように思える飲み会も、信頼関係の構築に役立ちます。お互いの情報を開示し、話をするときの表情などを読み取ることで、その人の興味や好き嫌いをインプットでき、本心も理解できるのです。

まあ、いつも同じメンバーで終電まで飲む必要はないでしょうけれど。

この一見非効率な、インフォーマルなコミュニケーション、仕事に関係のない話も含めた会話が、歯車に最低限必要な信頼を築くのに最も効率のいいやり方だといえるのです。

これもまた一つの**逆説**です。

喫煙ルームも、非効率、非健康でしかないように思われがちですが、やはりインフォーマルなコミュニケーションが行われる場であり、仕事を円滑に進める効用があります。

どのような方法でもかまいません。とにかく最低限の信頼を構築するのが、歯車をしっかり噛み合わせるための必須条件です。

そうやって歯車がうまく噛み合い回りはじめると、三つの大きなメリットが得られます。

一つ目は、周りに自分の成長を助けてもらえるということです。

自分の回転が鈍く成長が滞っているときも、周りが回ってくれれば、自らもまた回りはじめ、成長スピードを速めることができます。

二つ目が、リスクヘッジできることです。

例えば、仕事の歯車がうまく回らなくても、自分も含めた、かかわっている人たちの歯車がうまく回っていれば、仕事が再び回りだすまで我慢してピンチをしのぎきることができます。

三つ目は、周りも成長するということです。

自分が成長するために歯車を組んでいたとしても、摩擦熱は自分だけでなく、組んだ相手にも伝わります。

そうなれば、相手もどんどん成長し、チーム全体の戦力はすごい勢いで拡大していきます。

一方で、回転がスムーズにいきはじめ、摩擦が大きくなってくると、外れていかざるをえない歯車も出てきます。

そうなれば、空いた場所には新しい歯車を入れるということになります。

自らの成長にともなって、合わなくなってしまった歯車を外し、新しい歯車と組み合っていくということができれば、適度な摩擦が常に起きている状態になるため、スムーズに成長することができます。

ただ、歯車といっても実際は人であり、仕事なので、そう簡単に入れ替えることはできないでしょう。

しかし、冷たいようですが、歯車の入れ替えは成長するにつれてどうしても必要になります。そしてそれは、自分のためのみならず、相手のためでもあります。

誤魔化そうとしているわけではなく、無理して組んでいると、どちらかが壊れてしまうことにもなりかねないからです。

摩擦で消耗しない

摩擦熱を最大にすることに注力してきたので、ここからは長期的にうまく歯車を回し続ける方法について考えてみたいと思います。

そのためには、必要ならば、摩擦の量を削らないといけない場合もあります。

総熱量=単位時間当たりの熱量×時間

ですから、いくら一時だけ熱量が上がっても、長続きしなければ、結局のところ総熱量は小さくなってしまいます。

熱を発しない時期があると、成長が止まってしまうだけでなく、退化してしまうので、大損です。

絶えず熱を発している状況を長く持続することを目指しましょう。

そのためには、短期的に摩擦の量をあえて下げるということも必要になってきます。

まず、自分の歯が欠けてしまうような事態は避けねばなりません。

そのためには、しっかりした固さを持たなければいけないのです。

古今東西、歯車に固さをもたらす源となるのは、信仰や信念、理念、ミッションや目的意識と呼ばれるものです。

誰かのために役に立ちたいとか、世界の平和に貢献したいとか、日本の発展に寄与したいとか。なかでも世界的に見れば、宗教の信仰がそういったものの中心に位置するのでしょう。

もちろん信仰の対象がお金や自分自身の栄誉など、より具体的、世俗的であっても構いません。

ただし、具体的で相対的なものよりも、抽象的で絶対的なものであったほうが強く信じることができ、長持ちします。

なぜなら、抽象的で絶対的なものは環境や自分の変化によって、消えたり揺らいだりしないからです。北極点みたいなもので、場所は変わらないし消滅しません。

ただし、実感がわきにくく、信じるには様々な仕掛けが必要になりますが。

ですので、現実解としては、**具体的で相対的で享楽的なものと、抽象的で確実で禁欲的なもの両方を持ち合わせたほうがいいと思います。**

私利私欲と大義名分、両方をバランスよく持ち合わせ、固い歯車になる必要があります。

また、自分が何によってかりたてられ信念や目的にできるのかを知っておくといいでしょう。

人それぞれ、タイプによって違うのですが、大まかにいえば、ポジティブにやるか、ネガティブにやらされるのかです。

ポジティブにやるタイプは、信念や目標に向かって行動することに喜びと楽しさを積極的に見出します。

傍から見れば、苦労でしかないことですら、自主的自発的にやってしまいます。エベレスト無酸素登頂に挑むような人たちです。

ネガティブにやらされるタイプというのは、信念や目標は一応持ちつつも、そこに積極的に向かうというよりは、何もしないでいると、どんどんそこから離されていくかもしれないという恐怖心から行動する人たちです。

1日休んだら、皆に置いてきぼりにされるかもと怯えがちです。


どちらのタイプになるのか、自分ではなかなか選べませんし、どちらのタイプがいいともいえません。


ポジティブタイプのほうがいいに決まっている？

そうとも限らないのです。周りが上り調子のときにはポジティブタイプは勢いにのってどんどん大きく成功できますが、下り局面においてはネガティブタイプのほうが大コケせずに、被害を最小限に食い止めることができます。

タイプを選ぶことはできず、時流によってどちらの側面も求められるのですから、自分がどちら寄りなのか認識した上で、両方に対応できるようにしておくべきです。


そのためにお薦めなのが、シナリオを思い描いておくという方法です。

シナリオというのは、「こうやって、こういうことが起きて、こうなる」というような目標へのストーリーです。最高の夢実現ストーリーと恐怖の最悪ストーリーの両方について思い描いておくのです。

ポジティブタイプは最高のストーリーを描くのが得意で、ネガティブタイプはホラーストーリー（起こると怖い話のことです）を考えがちだと思いますので、自分が普段思い描かないほうのシナリオを意識的にしっかり想定し、どちらに転ぶかわからない前提のもと、どちらが起きても対応してやろうという心の準備しておくことが大切です。

競争下にあっては、どうしてもアクセルを踏み込むことだけに意識がいってしまいますが、ブレーキを踏むことも絶えず意識してください。かといって、ずっとブレーキを踏んでいるだけでもダメです。

短期的に燃え尽きてしまうのでなく、長期的に摩擦エネルギーを最大化していきましょう。

Column

私利私欲と大義名分

俗に「世のため人のため」というのは、手放しで素晴らしいことだといわれています。ノーベル医学・生理学賞を授賞された大村智さんは、とにかく人のためになることを考えなさいと祖母からいわれ続けたそうで、やはりそういう人こそが成功するし、成功してほしいというのがメディアの論調でした。

「世のため人のため」はもちろん素晴らしいことですが、それに加えて「自分の為に、自分がやりたいからやる」がないと本当の意味で固い意思を持てないと思います。

自己チュー、私利私欲があってもOK！　といっているのではなく、なければダメだということです。

成功のためには、失敗と同様に、私利私欲がなければダメなのです。

皆、絶対に持っているはずなので、露わにすることによって、私利私欲の無意識暴走に歯止めをかけることができるというメリットもあります。

またまた逆説ですが、私利私欲をしっかり持つことで、それを抑えようというのです。私利私欲と大義名分はハーフ&ハーフがベストバランスだと考えています。私利私欲などというと、我利我利亡者《がりがりもうじゃ》みたいな印象を与えてしまうかもしれませんが、自分がやりたいからやる、他の人からどう評価されるかわからなくても楽しいからやるというのも私利私欲にもとづく行動といえます。

なぜ私利私欲が必要かというと、車にたとえればそれはガソリンのようなものだからです。いくら立派なエンジンを積んでいてもガソリンがなければ車は走りません。

私利私欲は本能であり、根源的欲求で、逃れることはできません。

しかし、時にはそれを抑え、周りの人と協働、協力していかないと生きていけない存在でもあります。

だから大義名分も必要になります。

周りと上手くやるためには、身も蓋もないいい方ですが、何らかのメリットを周囲に与えなければなりません。様々な人に役に立つ、人類に貢献するという姿勢=大義名分が求められるのです。

ですからやはり、両方ともないといけないのです。すべての動力源たるガソリンも、風雨や小石などから身を守り、素早く移動させてくれる車本体も両方そろってはじめて、目的地へたどりつけます。

私たちは、個人的欲求を恥ずべきものだと思い込み過ぎているのではないでしょうか？謙虚さは日本人の美徳ではありますが、私利私欲を隠そうとするあまり、自分の意見をはっきりと皆に伝えることを躊躇したり、お金儲けすること自体を蔑《さげす》んで、実利に結びつかないことをよしとする風潮を見るにつけ、もっと私利私欲を持つべきだと、いやもう既に皆さんお持ちのはずなので、はっきりと表明した上で、しっかりコントロールすべきなのではないかと思います。

そして、大義名分と私利私欲を統合しましょう。

技術は優れているのに、成果に結びつかない原因は、こういったところにもあるのではないでしょうか？

特に、理系の技術者はお金のことを考えることや、自分の名を売ることに抵抗を持つ人が少なくありません。

しかし、それではダメで、純粋な探究心や自分以外の何かに貢献したいという大義名分とともに、私利私欲についてもしっかりと考えるべきだと思います。

様々な業種業態で、いろいろな世代の人とお会いしてきましたが、長期的に成功し続けている方々はこのバランスが素晴らしくとれていると感じます。

大義名分が勝る人は、理想論に傾き、現実を無視しがちで実行力に欠けるため、何も実現できないことが多く、私利私欲ばかりの人は短期的成功は為し得ますが、長期的には周りから人が離れていくので結局身動きとれなくなります。

どちらかに偏っているほうが楽であることは間違いないのですが、長期的に成功し続けることは難しくなります。

私利私欲はモチベーションを後押しし、大義名分は引っ張ってくれると考え、双方をバランスよく持つことが、長く成長し続け、大きく成功するために必要なのではないでしょうか。

ちなみに先ほどの、ノーベル賞を受賞した大村さんは、他にも素晴らしい言葉を残しておられるのでここに書き記しておきます。

「楽な道、楽な道を行くと本当のいい人生にならない」
「人のまねをするとそこで終わり。超えることはできない」
「これやると失敗する、ではなくて、やってみようという気を絶えず起こさなきゃだめ。

成功した人は失敗をいわないですよ。しかし人より倍も3倍も失敗している」

ほら、ここまで申し上げてきたことと、そこはかとなく似ているでしょ？

第6章

挑戦し、失敗し、適応した人が勝つ

Reverse Thinking

生き物の進化に学ぶ

ここまで、なるべく多くの挑戦を行い、〝いい失敗〟を重ね、失敗に適応して、次なる挑戦に生かすことが成長への道だと述べてきました。

成功への鍵は、限られた天才だけが持っているわけではなく、とびきりの幸運でもなく、世界を操る１００人委員会だけが知っている秘法でもありません。

「挑戦 - 失敗 - 適応」の成長サイクルを、飽くことなく、何度も粘り強く繰り返すことに尽きるということです。

そのために、ストレッチと摩擦という二つの技術を身につけ、自動的に成長サイクルを回せるような仕組みを構築すれば、成長を加速し、持続させることができるのです。

次に、少し違う角度から、古今東西の様々な成長や挑戦、適応や競争の事例を見ていきたいと思います。

成長について考えようとするとき一番参考になるのは、生物の進化についての知見です。想像してみてください。現在この本を読んでいる皆さんは既にすごいことを達成しています。

生物誕生以来、40億年前から生殖を繰り返し、命が何度もつながり、生き残っているのが私たちなのです。

原核生物の時代から遺伝子を受け継いできているのです。そう考えるとすごいことではないでしょうか？　完全な勝ち組、勝ち残り組です。

「だとすると、すでに適応し勝ち残ってきているのだから、これ以上の成長は必要ないんじゃないか？」

というように考えてしまう人は、この話は一旦忘れてください。せっかく読み通してきたのに、ここで卓袱台《ちゃぶだい》をひっくり返してはもったいないです。

とにかく生物の進化から学べることはたくさんあります。

まず、失敗事例を見てみましょう。

圧倒的成功が失敗につながるのはなぜなのか？

どうしてそんなことが起きてしまうのか知るために、格好の事例があります。

恐竜たちの滅亡です。

大きく強く、地上の覇者であったはずの恐竜が、なぜ跡形もなく滅亡してしまったのでしょうか？

化石が残っていることからも、かつて多くの恐竜が地球上に存在し、覇者であったことが証明されています。

しかし、今、恐竜は地球上どこにもいません。ネッシー、クッシー、ラッシーなど「俺は見た！」という人もいるにはいますが。

トカゲなども恐竜っぽいですが、小さすぎます。

世界最大であるコモドオオトカゲですら、恐竜のコドモぐらいの大きさです。

最大の爬虫類・イリエワニでも7メートルくらいです。十分大きく感じられますが、最大の恐竜アルゼンチノサウルスが全長30メートルであったことを考えると、ケタ違いです。

当然、敵になるような生物など存在しませんでした。

それにもかかわらず、絶滅してしまったのです。

なぜなのでしょうか？

様々な説があります。食べ物が原因だとする説。ネズミが恐竜の卵を食べてしまったという説。火山の噴火により太陽が隠れ、気温が下がって死んでしまったという説。

中でも、研究者から最も支持されているのが隕石衝突説です。衝突による気候変動、気温の低下などによって絶滅したというものです。

にわかには信じられない話ですよね。

なぜなら、ネズミをはじめ生き残った生物はいるわけですから。あんなに非力で小さな生物が生き残り、巨大な恐竜がいなくなってしまう。不思議です。

しかし、ネズミが生き延びることができたのは、体が小さかったのと毛があり体温保持に優れていたからなのです。

その後、強敵である恐竜は絶滅し、氷河期は終わりを迎えます。

ネズミのような哺乳類は、強力な敵がいない環境で伸び伸び進化しつつ、昨今の全盛期を迎えることになります。

ちなみにワニもノロノロしていたので、恐竜全盛期には隅っこに追いやられて、水と岸の合間に住むしかありませんでした。

陸の上にも水の中にも、強い敵が大勢いて、水と陸の隙間で生きるしかなかったようなのです。しかし、今生き残ってるのは彼らだけなのです。何が幸いするかわかりません。

ということは、「強ければ勝つ」という単純な話ではないようです。では、勝ち残るための鍵は何なのか？

それは、**新しい環境に素早く適応することができるかどうか**ということです。

〝適応〟は前にも出てきましたね。そうです。**成長サイクルの、挑戦・失敗・適応**に出てきました。やはり「適応する」というのは大切なのですね。多少、牽強《けんきょう》付会《ふかい》のきらいはありますが。

以前の環境では弱みに過ぎなかった体の小ささが、新しい環境である氷河期においては強みになるなんて驚き以外の何ものでもありません。

氷河期の到来のような大変化には適応不可能かもしれませんが、幸いなことに、そういったことは何千年に一度しか起きません。

日々の生活の中で直面する変化の大半は、きちんと準備し、適応することができます。しかし、今まで強かったものが弱くなるのは同じです。つまり、**普段起こる変化は、適応さえすればチャンスに他ならない**ということになります。

適応するためには、柔軟性が必要です。そして、柔軟性は適応すればするほど高まるのです。ニワトリが先か、卵が先かという話ですが、とにかく常に変化し、適応して柔軟性を保っておかなければいざというときに対応できません。

プラスに変化するのが成長するということです。つまり、成長し続けてさえいれば、生き残ることができ、うまくいけばネズミのように逆転成功できます。逆に今成功していても、成長をやめてしまえば、恐竜のようにいつかは生き残れなくなる可能性が高いということです。

もう一つ、ワニやネズミが生き延びることができた大きな要因として、腐食性であったということが挙げられるそうです。

腐食性とは、腐ったものを食べ物にできることです。

新鮮な食べ物しか食べられない生き物は、光がなくなり植物が光合成ができなくなると食べ物がなくなってしまいます。

一方、腐食性の生き物は、どんどん死に絶えていく生き物を食料にし、生き延びることができたというのです。

まさしく**大逆転**ですよね。腐ったものしか食べさせてもらえなかった生物が生き延び、その後、隆盛を極めることになったのですから！

何が幸いするのかはわかりませんが、「変化への適応力＝継続的な成長」さえあれば、どんな状況であれ、勝ち残っていくことができるということです。

人生は、これまで失敗続きでも、出来が悪いといわれても、とてつもなく不運でも、死ぬまで成長を続け適応する力さえあれば、何とかなるということです。

挑戦し、失敗さえすればいいのですから、その気になれば誰だってできることです。

よかった。

どうです？　やる気が湧いてきませんか？

ビッグアイデア症候群に要注意

一度成功しても、うかうかしていられないと申し上げましたが、安心や安定を求めるのは生物の本能です。

挑戦や失敗は心を揺さぶり、不安をもたらします。

逆に不安がまったくない挑戦は、そもそも挑戦の名に値しないのでやっかいです。

僕自身、このようにして「挑戦しよう、失敗しよう」と書いていますが、正直にいえば挑戦や失敗にうんざりすることだってあります。

日々新しいことへの挑戦が仕事のせいか、自発的な挑戦がおざなりになることもあります。駅などに置かれたバイト雑誌を、思わず熟読してしまうのもそのせいです。「簡単組み立て。誰でもＯＫ！　経験不問」などと書いてあるとすごくやってみたくなります。

心が揺れるのを嫌がるのは人間の習性であり、仕方のないことかもしれません。

しかし、組織が安心したいばかりに意思決定を誤るのは問題です。そうならないように、わざわざ個人が集まり組織を形成しているのですから。

ここでは、組織が安心したい気持ちに負けてしまう事例を紹介したいと思います。

企業が成長するために重要な新しい事業の開発において、気を抜くと誰もがすぐにかかってしまう病気の一つに、ビッグアイデア症候群というものがあります。大企業における新規事業開発においてよく見られる病気です。

前にも出てきましたが、新規事業は逐次的《ちくじてき》に表現すると、三つのステップからなります（P152図9参照）。

ただし、実際にはこの順番通り進むとは限りません。

三つのステップを行ったり来たり、時にはつまずいたりして、思った通りにはいかないのが普通です。わかりやすくするために、こういう書き方にしているだけです。

既存事業において、このステップはもっと細分化でき、順番もきちんと守られます。いや、守らないといけません。

各ステップにたくさんの人たちがかかわり、連携して仕事を進めないといけないからです。

工場で何か製品を作っているところを想像してもらえるといいのかもしれません。すべての人たちが決められた通りの手順を守ることにより、効率的に進められるのです。それぞれが創意工夫をこらして勝手に行動すれば、無茶苦茶になってしまいます。

そして、企業で働くほとんどの方は既存事業に携わっています。ですから、このステップを提示されれば、本来は順番通りにいかない新規事業においても、「順番通り進むものだ。進むはずだ」さらにいえば「進まないとおかしい」と考えてしまうのです。

さらに、既存事業では実行プロセスはしっかりと固まっています。やり方、進め方、オペレーションは既に決められているのです。

ですから、いちいち改めて検討する必要はありません。効率的で安定しています。粛々と、ミスなくやればいいのです。

検討する余地があるのは一番左側にあるステップです。

新しいアイデア、新しい研究、新しい技術、この部分はいろいろと工夫できます。左側は新しく、クリエイティブで自由で、面白いのです。

新規事業は違います。全工程に新しいアイデアと工夫が求められるのです。

こういう状況で私たち（＝既存事業に慣れた人たち）が新しい事業を創り出そうとすると、何が起きるのか？

「アイデア、技術として優れているもの」イコール「事業として優れたもの」としてしまうのです。

もう一つ恐ろしいことがあります。新規事業には常に、〝新規性ｖｓ実現可能性〟というトレードオフが存在します。平たくいえば、面白いものは実現するのが難しく、簡単に実現できるものは、誰かの真似であったり、つまらないものが多いということです。

ということは、アイデアの面白さだけで選んでしまうと、実現しようとするときに大きな困難に突き当たるということになります。

さらに、さらに恐ろしいのは、意識がアイデアだけに向いてしまうと、能力、時間、金、人材といった経営リソースをアイデア工程に注ぎ込んでしまうことです。

本来三つの工程すべてで革新、成長が望まれているにもかかわらず、アイデア工程に全精力、全リソースを注ぎ込んでしまうのです。

当然、後半の2工程は手薄になってしまいます。しかし、新規事業においては、後の2工程のほうが多くのリソースを必要とし、手間暇かかるものなのです（図16参照）。

つまり実現するのに多大な労力のかかるアイデアが、乏しいリソースしかない工程に送りこまれるということになります。

これではうまくいくはずがありません。しかし素晴らしいアイデア、イコール事業の成功であると思い込んでしまいがちなのです。

こうやって書いてみるとバカみたいな話に聞こえますが、既存事業ではあながち間違っ

図16　アクションになるにつれ大きくなる

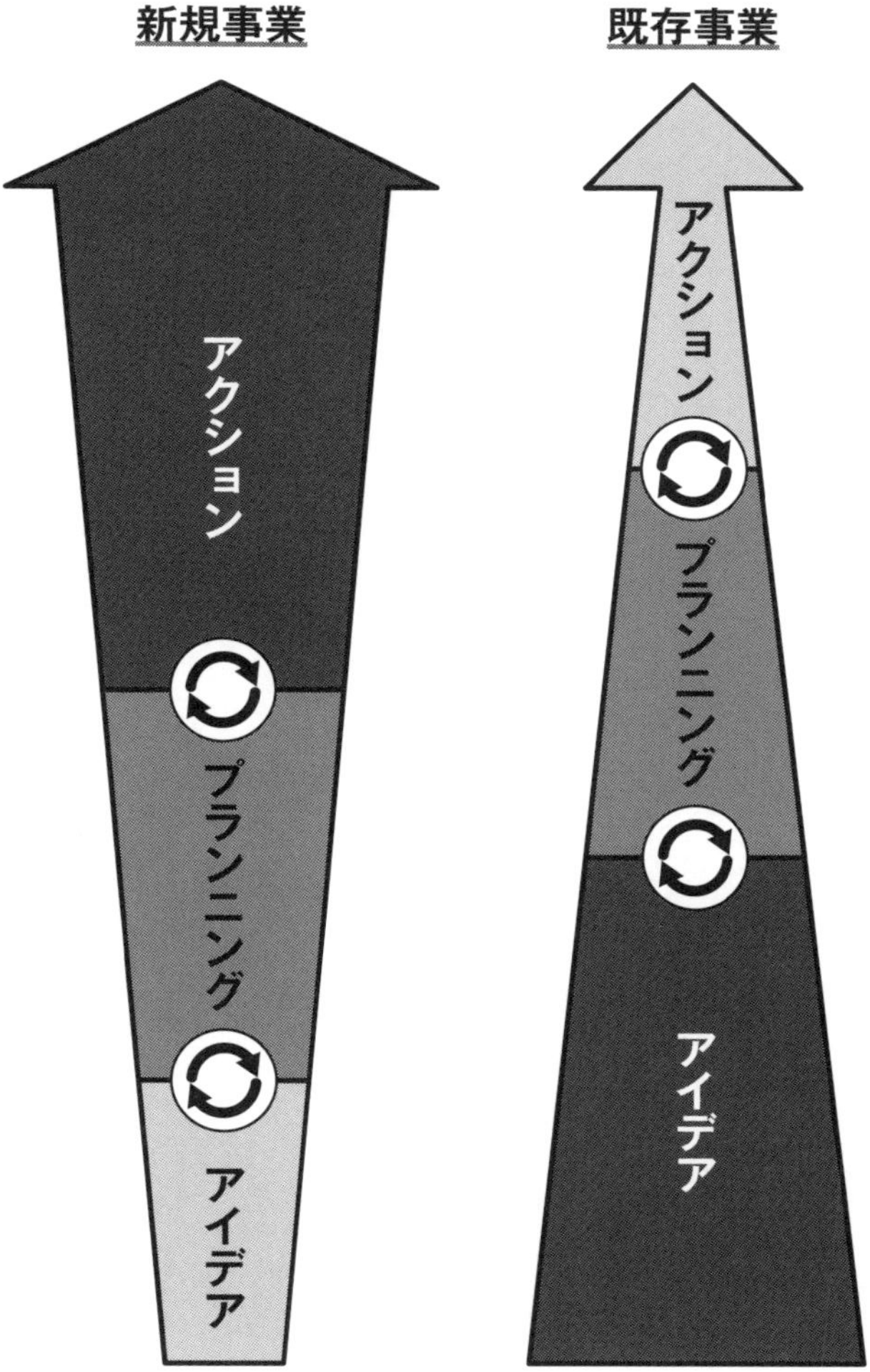

ていないところがやっかいなのです。

残念なことに、いろいろな会社で行われている社内ベンチャー制度のほとんどはこのビッグアイデア症候群にかかっています。

制度そのものが、ビッグアイデアを求めてしまう構造になってしまっているのです。一番の見せ場は、アイデアをプレゼンする最終選考会です。どうしても壮大で、派手なアイデアがもてはやされます。

見栄えのするアイデア探しに夢中になり、アイデアを磨き、実現化する工程に十分力を注がないため、素晴らしいアイデアであってもアイデアのままで終わってしまいます。

盛り上がるのは、優勝チームを表彰したときだけ、あるいは社内ベンチャー制度を発表したときだけです。

やがて「新規事業ってどうなったんだっけ？　やる意味あったの？」という会話が交わされ、全社を挙げて取り組むはずのイノベーションは、再び研究開発部門のお仕事になります。

そうなると、iPhone のような特大ホームランは望むべくもありません。

御社で行われている社内ベンチャー制度、あるいはどこかの企業で行われている新規事業制度を一度じっくりと見てください。

事業アイデアについてばかり考慮、言及されていませんか？

受賞後の賞金や与えられる権限については触れられているかもしれません。しかし、実行フェーズに手厚い支援（お金だけでなく）を約束している社内ベンチャー制度は少ないのではないでしょうか。

種が100粒あるのに、育てる前に1粒だけを選別し、残りの99粒は捨ててしまうといった栽培方法は存在しません。

ある程度の選抜は種の段階でするにしても、それは中身が虫に喰われているとか、腐っているとかを除くだけであって、どれが一番うまく育つかなんて種を外から見ているだけではわからないものです。

僕は自宅の庭で何本かスダチの木を育てています。何年か経って自分の背丈より幹が伸び、葉が繁り、花をたくさん咲かせたとしても、最終的に素晴らしい実がなったかどうかは、実際に包丁で割ってみるまでわかりません。

にもかかわらず、なぜ社内ベンチャー制度では種の選別ばかりに力を入れているのでしょうか？

審査を大学の偉い先生にお願いしたりもします。しかし、学問や知識に詳しいことは間違いなくても、事業経験をお持ちの先生はほとんどおられません。にもかかわらず、偉い先生というだけで審査をお願いしてしまうのはおかしな話です。

「たくさんの成功例を見てきているから」という意見もあるかもしれませんが、知識があっても事業の将来は見通せません。同様に経営陣が審査するときも注意が必要です。新規事業の経験のない、人事畑一筋の役員が審査するのは難しいでしょう。

トヨタも楽天も、事業アイデアが画期的だったから成功したわけではなく、実行における独創性こそが成功の源となっています。ということは実行面に経験がある人材こそ審査員として適任だといえます。

世の中にすべてを解決してくれるビッグアイデアなんて存在しません。大変でもいろいろな種＝アイデアを撒き、育てながら、見守り手をかけていくしか、満足いく収穫を得られる方法はないのです。

楽したい、安心したい気持ちに打ち勝ち、挑戦・失敗・適応サイクルを回し続けることが大切です。

肥料や水を求めすぎない

一方で、社内ベンチャー制度などに参加し、新しいことを生み出そうとする人たち（皆さんのことです）も意識を変えることが求められます。

成長はストレッチと摩擦をする苦労から生まれてくるはずなのに、そのことをついつい忘れてしまいます。甘い水を飲みたくなってしまうのです。

自分は努力しているのだから周りにも協力してほしいと、部下にも、上司にも、会社にも、顧客にすらも、多くを求めてしまうことがあるのです。

自分のアイデアが選ばれた暁には、自分に十分な時間と権限と報酬を与えてほしいと望みます。

選んだ側も、当然リソースを与えないといけないと考えます。しかし、リソースさえ潤沢ならうまくいくとは限らないのが新規事業の面白いところであり、怖いところです。

もし、リソースの量と新しい事業の成功確率が比例するなら、大企業の手掛ける研究開発や新規事業はことごとく成功し、ベンチャーの出番はないということになってしまいます。

ベンチャーが新しい事業を見出しても、大量のリソースを投入できる大企業はすぐに追いついて追い越せるはずですから。

しかし、現実にはそんなことは起きていません。むしろ大企業のほうがイノベーションに苦しんでいるように見えます。

そうであれば、リソースさえあれば新しい事業は成功すると考えるのは間違いだということになります。

では逆に、リソースなんてないほうがいいのでしょうか？

突然ですが、トマトってご存知ですよね。そうです、あの野菜のトマトです。果物でしたっけ？　まあ、どちらでもいいのですが。

トマトは、肥料や水をやりすぎるとうまく育たないということをご存知でしたか？

「あなたは農業従事者なのですか？」と問われれば、答えはＮｏです。

僕自身、家庭菜園しかやったことありませんが、これは本当のことのようです。

「貧困野菜」と呼ばれたりもしているようです。

どういう意味で貧困なのか？　それは水も肥料もあまり要求しない。つまり、水も肥料もギリギリまで絞り込むと美味しいトマトができるからそう呼ばれるらしいのです。最初に肥料や水をたくさんあげてしまうと、枯れてしまったり葉だけ繁って実をつけなかったりするらしいのです。

逆に、水をあげないようにギリギリまで追い込んでいくと、すごく甘いトマトができるようです。土が乾いた状態だと、茎からも根みたいなものが出てきて空気中の水蒸気を吸い上げていくようになるらしいのです。びっくりしませんか？　茎からも根を出すなんて！

トマトではありませんが、サツマイモであれば僕にも経験があります。

大きなサツマイモを育てたいと張り切って、肥料をこれでもかと投入し秋に掘り出してみたら、普通の植物の根っこみたいなものしかなかったのです。

最初、サツマイモ泥棒にあったのかと思いました。

葉っぱはあんなに繁っていたのに！

楽しみにしていた子どもたちからは非難轟々《ひなんごうごう》、罵詈雑言《ばりぞうごん》です。まあ、これはサツマイモではなく、子どもの育て方の問題ですが。

元農家のおじさんに聞いてみると、サツマイモもやはり貧困野菜で、もともと痩せた土地でもよく育ち、肥料があり過ぎると安心して栄養を貯めようとせず、逆に芋ができないらしいのです。

では、何もやらずにほったらかしにしておいたらいいかというと、そういうわけでもなく、やはり肥料も水も必要だそうです。

ただし、必要なものを必要とするタイミングで必要最低限与えるといいそうです。

毎日、目を離さず、生かさず殺さず、ギリギリまで追い込んで、植物が持つ本来の生命力を引き出していくのが大きく美味しい実を得る方法らしいのです。

おじさんは「元肥じゃなく、追肥が決め手だ」といいます。つまり、最初のまだ苗の頃にたくさん肥料をやるのではなく、状態を見極めながら、最小限の肥料をちょこちょこあげるのがいいらしいのです。

これは新規事業の育成にもぴったり当てはまることだと思います。

皆さんどうですか？　社内ベンチャー、新規事業とまではいわなくとも、普段の仕事においても、会社や上司に求めすぎていませんか？

最初から、リソースや援助ばかり求めていては、葉を繁らせる（＝目立つ、話題になる）ことはできても、いい実をつける（＝事業として収益を生み出す）ことはできないということです。

水や肥料の十分すぎる供給は、潜在能力の発揮を阻害したり、ひどい場合には根っこを腐らせてしまうような場合すらあるのですから、本末転倒です。

ありあまるリソースがあれば成功確率は高まりそうなものですが、むしろ成長の邪魔になってしまうとは！

正に皮肉な**逆説**です。

制度をつくる側も、物わかりがよすぎてはダメです。

新規事業アイデアコンテストでよくある失敗が、事務局がとにかく応募数を増やしたいがために、とにかく権限の付与や賞金を増やすことに腐心してしまうことです。少なくとも僕が見てきた限りにおいて、うまくいった試しがありません。応募数は増えますが、成果は上がりません。

誤解なきよう申し上げると、応募数を増やすことはいいことです。社内の活性化にもつながります。

しかし、ニンジンで馬を走らせようとするだけではダメだということです。

それよりも重要なことは、いくつかのアイデアを選んだあとで、プランニングされ、実行検証されるときにも、ずっと寄り添い観察し、適切なタイミングで、必要とされれば、手を差し伸べることを誰かが意思と責任を持ってきちんとやっていくことなのです。

そうなのです。気づかれた方もおられると思いますが、ここで申し上げているのは、まさしく**適切なストレッチとフリクション、背伸びと摩擦を起こさせ続けることこそが、社内ベンチャー制度に求められる機能であるということなのです。**

社内ベンチャー制度だけでなく、企業内のあらゆる新規事業制度は、背伸びと摩擦を適切に管理監督する機構として存在すべきだと考えます。

人事を尽くし、天命を待つ

健康な種をたくさん撒き、間引きを行い、必要な水や肥料を適切なタイミングで与え、草をとり害虫害獣を防ぎきったとしても、最終的に期待通りの収穫があるかどうか、誰にもわかりません。

日照りが起きたり、なぞの病気がはやったり、台風や水害、冷害というのもあるでしょう。これらは人の力ではどうしようもありません。どれだけ努力しても、防ぎようのないことは受け入れるしかないのです。

なぜこんな話をしたかというと、最後に成長と成功の関係について考えてみたいからです。

ここまで、成長についてさまざまな角度から考えてきました。しかし、成長がどう成功へつながるかについては積み残してきています。

キメの部分であるにもかかわらず成功についてはあまり言及していません。なぜなら、素晴らしく成長できたとしても100%成功するとはいえないからです。

「ここまで引っ張ってきて、結論がそれ？　騙された！」と怒らないでください。

先ほどの植物の話と同様、収穫は自助努力でどうにもならない、運としかいいようのない事柄に左右されるのは事実なのです。

「やっぱりだまされた！　結局は運かよ！　恐竜の話はなんだったんだ！」

「どうせ運なんだから、努力や苦労なんて馬鹿らしい！」

「運を良くするには、お百度参り？　いや風水？　パワーストーン？　お守り？」

とかいうのも、もう少し話を聞いてからにしてください。

成功は、

成功=挑戦回数×成功確率

という式で定義することができます。

成功確率を上げ、数多くの挑戦をした人が成功するということになります。

まず、この式から得るべき第一の教訓は、世の中に「絶対成功する方法」「絶対儲かる方法」「持っているだけでお金が増える長財布」というものは決して存在しないということとです。

成功確率を上げる努力をし、挑戦を何度もするという泥臭い作業の繰り返しでしか成功できないという事実を受け入れるべきでしょう。

成功確率を上げる努力といいましたが、どのようにすれば成功確率が上がるのでしょうか？

単純に考えれば、

成功確率＝成功回数（挑戦回数－失敗回数）÷挑戦回数

ですので、失敗の回数を減らすべきということになります。

あれっ？　なんか今までしてきた話と矛盾していませんか？

そうなのです。できる限り挑戦し、失敗しようという話だったはずなのに、失敗を減らせば成功確率が上がることになっています。おかしいですね。

ここに一般的な成功方法の落とし穴があります。失敗をなるべく避けることが、成功への近道だと考えてしまうのです。

それでは、式が間違っているのかといえば、そういうわけではなく、既存事業の世界においては正しいということなのです。

成功と失敗がはっきり区別できる世界では、失敗を減らせば成功確率は上がります。しかし、新しいものを作り出す世界では違います。ここまで見てきたように、**〝いい〟失敗は成功の種を生み出し、〝悪い〟失敗は成功確率を下げるのです。**

この本のテーマである逆転と呼べるような大きな成功を目指すのであれば、新しいものを作り出していくより他ありません。すでに形作られた事業の世界には、知識や経験豊富な先輩方がたくさんおられるので逆転は困難です。

悪い失敗のいくつかは明確に判別できます。覚えておられますでしょうか？　そう、繰り返される同じ失敗と挑戦をあきらめさせるような致命的な失敗、これらは確実に〝悪い〟失敗です。

厄介なのは、それ以外の失敗が〝いい〟か〝悪い〟かよくわからないところです。となるとやってみるより他ありません。

新しいものを作り出す世界においては、

成功確率＝いい失敗数×適応度

ということになり、失敗が明確に判別できない以上、

成功＝挑戦回数×失敗数×適応度

となります。結局、**成長サイクルをきちんと、できるだけ早く回すことが成功への近道ということになるのです。**

運の要素は、失敗におけるいい失敗と悪い失敗の割合がどうなのかくらいです。

それも同じ失敗を繰り返さない＆致命的な失敗を避けることによって、悪い失敗の割合を減らすことができます。

挑戦回数を増やすことも、適応度を高めることも、能力ではなく心掛けで何とかできます。

安心してください。

誰でも楽に確実に成功できる必勝法を信じたくなります。しかしそれは、ツチノコ探しと似ています。

過去何十年も「俺、知ってる」「私、見たことある」という話は数多く存在するにもかかわらず、誰一人、実物を捕えられません。世に数多ある成功法則も同じではないでしょうか。

成功した経営者はよく「運が良かっただけ」と口にしますが、これも鵜呑みにしてはいけないと思います。

何度も失敗しながら必死の挑戦を続け、激しい争いをギリギリのところで生き残ることができたのは、とても自分だけの力だと思えないがゆえに出たセリフでしょう。

こういう方々は成功にたどり着いた瞬間、さらなる高みへと歩みはじめます。どれだけ成功をつかんでも飽き足らず、その挑戦は永遠に続くかのようです。なぜそんな挑戦を続けられるのか?

達成の喜びに想いを馳せながら、険しい道のりそれ自体をも楽しむ。運ではなく、これこそが成功の秘訣だと思います。

ピークハンティングできるかどうかは、山に登る喜びを知っているかどうかに大きく左右されます。

なぜなら、6時から登りはじめ16時に下山するとして、頂に立った喜びを味わえる時間は30分からせいぜい1時間くらいです。全体の5～10％にすぎないのです。これが年に一度の大会において勝利を目指すようなスポーツだと1％以下になってしまいます。

残りの時間は、つらくて長い坂道を登る、あるいはトレーニングの時間です。それでも耐えられるのは、長期的には達成の喜びを想像し、短期的には日々の成長を楽しんでいるからではないでしょうか。

成長を楽しむためのポイントは、

- **右肩上がりではなく、ある日突然ステップアップすることにワクワクする。**
- **毎日、自分の成長や努力を確認し、喜び、悔しがり、楽しむ。**
- **長い時間かけて達成する大きな目標を持つ。**

の三つです。

成長を実感、あるいは予感できれば、筋肉痛をも成長の証として喜べるようになります。そうなれば、毎日が面白くなり、どんどん挑戦し失敗したくなるので成長は加速していきます。

すると、急成長のサイクルに入ることができます。

楽ばかりで人生を過ごせる可能性がゼロだとはいいません。しかしそれは、退屈へと続く道でもあります。

苦味があるから甘みがより深く味わえ、冬が春を鮮やかにし、夜の闇が朝日を際立たせるように、楽しんで生きていくためには楽だけではダメで、苦さも必要だと思います。

万が一、運だけで成功をつかんでも「悪銭身につかず」という言葉があるように長続きしませんし、「山高ければ、谷深し」というように一度坂道を下りはじめたら、奈落の底までいってしまいそうです。

それよりも成長プロセスを回していきましょう。ストレッチと摩擦の仕組みを作り上げましょう。

仕組みさえできれば、運悪く成功できなくても、何度も挑戦できますし、成功確率を高めていくことができます。その上、成長を楽しむことができれば、成功すること間違いなしです。

「おもしろき　こともなき世を　おもしろく　すみなしものは　心なりけり」

と誰かがいいましたが、**逆転思考のいう逆転には、普通に考えれば苦労だったり、つらいことを楽しいものに変えてしまうという意味も込められています。**

まあこんな風に考えるようになったのは、僕も最近のことなのですが。

では最後に、振り返って逆転の秘訣をまとめてみます。

- **逆転のためには逆説、逆算、逆張りにこだわり、成功のために失敗する。**
- **挑戦・失敗・適応という成長サイクルをなるべく多く回す。**
- **ストレッチと摩擦を実践する。**

すごく簡単ですね。たった三つです。よかった。

さあ、ここからが本番です。

たった今から、すぐにはじめましょう。

「実際に挑戦してみたらこんなことになりました」とか、「ここはどうしたらうまくいくんだろう?」というご報告、疑問・質問はこの本専用facebookサイト（http://facebook.com/gyakutenshiko）か、メール（morigami@primal-biz.co.jp）までお願いします。

僕にとっても本を書いたのが初めてなので挑戦といえます。

挑戦 - 失敗 - 適応の成長サイクルきちんと回すべく、皆様のフィードバックお待ちしております。

失敗しないといけないので、もちろんクレームでもかまいません。

さあ、はじめましょう。

【著者紹介】

森上隆史（もりがみ・たかし）

プライマルグループＣＥＯ
京都大学法学部を卒業後、ＢＣＧ（ボストンコンサルティンググループ）にて市場参入戦略・マーケティング戦略に従事。

音楽業界に転身後、ヤマハ音楽振興会にて新人アーティストの発掘・育成を手掛ける。また、ソフトバンクグループで音楽事業会社の立ち上げ業務に携わる。

ソフトバンクと三菱商事による合併会社の事業企画部門より、プライマル株式会社を設立。

創業から10年で新規事業の支援案件数は、大手企業を中心に400案件以上。

新規事業開発専業のコンサルティングファームとして最大規模を誇る。

その実績や評価から、講師・講演の依頼が多数寄せられている。

逆転思考

400以上の新規事業から導かれた ありえない成功のルール

2016年4月5日　初版発行

著　者　森上隆史

発行者　野村直克

発行所　総合法令出版株式会社
〒103-0001 東京都中央区日本橋小伝馬町15-18
ユニゾ小伝馬町ビル9階
電話 03-5623-5121

印刷・製本　中央精版印刷株式会社

落丁・乱丁本はお取替えいたします。

ISBN 978-4-86280-494-5

総合法令出版ホームページ　http://www.horei.com/